Xpression

plus de 1300 expressions idiomatiques de l'anglais d'aujourd'hui

Testez et révisez vos connaissances

Kay RODD
Daniel RODD

Illustrations : Olivia RODD

ellipses

Dans la série *Bloc-notes*

Allemand

- ***24 heures pour réussir l'écrit*** [niveau 2]
- ***Los!*** *Petits exercices de grammaire allemande pour bien réviser* [niveau 1]
- ***Lustig!*** *Apprendre et réviser son vocabulaire allemand en s'amusant* [niveau 1]
- ***SOS allemand.*** *Révision systématique de la grammaire et du vocabulaire* [niveau 1] & [niveau 2]
- ***Starten!*** *Communiquer efficacement en allemand* [niveau 2]
- ***Endlich!*** *Mieux comprendre l'Allemagne* [niveau 2]
- ***Tester sa grammaire allemande*** *en 12 séances et 1001 questions-réponses* [niveau 2]
- ***Ab die Post!*** *Apprendre et réviser les préverbes allemands en s'amusant*
- ***Ende gut, alles gut!*** [grands débutants]

Anglais

- ***Express yourself!*** *15 chapitres thématiques pour connaître l'essentiel du vocabulaire courant en anglais* [niveau 1]
- ***Check in.*** *Communiquer efficacement en anglais* [niveau 2]
- ***Help!*** *Grammaire et vocabulaire de base en anglais*, 2e éd. [niveau 1]
- ***Fifty-Fifty.*** *Réviser son vocabulaire anglais en s'amusant* [Spécial sciences]
- ***Key Words English.*** *Vocabulaire de la vie de tous les jours* [niveau 2]
- ***Complete to compete.*** *Réviser son vocabulaire anglais, thèmes de société* [niveau 2]
- ***English: why not?*** *Les bases de l'anglais* [niveau A1]

Arabe

- ***Je parle arabe*** [niveau 1]
- ***Takallam.*** *Communiquer efficacement en arabe*

Chinois

- ***Zhen bàng!*** *Parler chinois* [niveau 2]
- ***Tang hulu.*** *Friandises pour goûter la saveur des mots en chinois* [niveau 1]

Espagnol

- ***¡Así!*** *Apprendre ou réviser les bases de la grammaire espagnole en s'amusant* [niveau 1]
- ***Réussir son BTS espagnol*** [niveau 2]
- ***¡Vocabulario!*** *Apprendre et réviser son vocabulaire en jouant* [niveau 1]
- ***¿Sé o Sepa?*** *Apprendre et réviser les bases de la conjugaison espagnole en s'amusant* [niveau 1]
- ***¡Sin falta!*** L'espagnol sans faute. Jeux d'orthographe

Italien

- ***Giochi e parole.*** *Apprendre et réviser le vocabulaire italien en s'amusant* [niveau 1] & [niveau 2]
- ***Pronto ? Pronti !*** *Grammaire et vocabulaire pour débutants* [niveau 1]
- ***Prove.*** *Testez votre niveau en italien* [niveau 1] & [niveau 2]

Japonais

- ***Kakikata.*** *Écrire en japonais* [niveau 1]
- ***Mikado.*** *Apprendre ou réviser le vocabulaire japonais de base en s'amusant* [niveau 1]
- ***Tsukemono.*** *Pickles pour relever la saveur les mots en japonais* [niveau 1]

Occitan

- ***Òsca !*** *Je parle occitan* [niveau 1]

Russe

- ***Je parle russe !*** *Grammaire pour débutants* [niveau 1] & [niveau 2]
- ***Zakouski.*** *Les amuse-bouche de l'alphabet cyrillique* [niveau 1]

ISBN 978-2-7298-3691-7

www.editions-ellipses.fr

Sommaire

DÉCRIRE LES GENS

Beauté & laideur 6
Taille & force physique 6
Âge 8
Ressemblance & différence 8
Apparence & vêtements 10
La vue & l'ouïe 12
Santé & forme 14
Santé mentale & folie 16
Intelligence & stupidité 18
Caractère 20
Vanité 24

ATTITUDES ET COMPORTEMENT

Colère & mauvaise humeur 26
Courage, audace & lâcheté 30
Bonheur 32
Tristesse 34
Optimisme & illusions 36
Ambition et opportunisme 38
Détermination & motivation 40
Scepticisme & méfiance 42
Franchise & honnêteté 44
Duperie & malhonnêteté 46
Secrets 48
Révélations 50
Priorités & importance 52
Confiance & naïveté 54
Gratitude & mesquinerie 54
Comportement général 56

RELATIONS

Entente & mésentente 58
Amour & séduction 60
Indifférence, haine & rejet 62
(Dés)Accord & conflits 64
Admiration & louanges 66
Injures & moqueries 66
Mépris & humiliation 68
Aide & trahison 70
Pouvoir & influence 72
Responsabilité 74
Reproches & critiques 76
Vengeance 78
Langage & communication 80
Euphémismes 84
Conseils & sagesse populaire 86

SITUATIONS

Difficultés & dilemmes 90
Décisions & hésitations 94
Sécurité, dangers & risques 96
Peur 98
Réussite 100
Échec 102
Restrictions 104
Compréhension & connaissances 106
Commencer & finir 108

LA VIE EN SOCIÉTÉ ET L'ENVIRONNEMENT

La famille & la maison 110
Hiérarchie sociale 112
La justice 114
L'argent 116
Travail 124
Loisirs et repos 126
Nourriture & boissons 128
Le temps 130

CORRIGÉS

Décrire les gens 134
Attitudes et comportement 137
Relations 142
Situations 147
La vie en société 153

Présentation

L'anglais est une langue riche en expressions idiomatiques et en images qui reflètent l'histoire, la culture, la civilisation et la mentalité du monde anglophone. Nous vous invitons à entrer dans ce monde pour penser et parler comme un anglophone, et améliorer l'authenticité de votre expression.

Xpression s'adresse à tout public : élèves, étudiants, autodidactes... Le livre est divisé en cinq parties correspondant à différentes situations de communication. Les expressions sur chaque page sont regroupées thématiquement et données à l'infinitif pour être conjuguées au temps et à la forme voulus. La page se termine par des proverbes et des expressions figées. Certaines expressions sont identiques dans les deux langues (exemple : *look for a needle in a haystack* = chercher une aiguille dans une meule de foin), d'autres correspondent à une expression imagée différente (exemple : *it's the last straw* = c'est la goutte d'eau), d'autres encore n'ont pas d'équivalent imagé en français (exemple : *that rings a bell* = cela me rappelle quelque chose). Vous trouverez dans la colonne de droite l'équivalent en français. La traduction sous l'expression anglaise reflète l'image employée. Cette traduction tient souvent compte de l'origine de l'expression. Par exemple, *as happy as a sandboy* (= heureux comme un poisson dans l'eau) fait référence aux garçons qui, autrefois, vendaient des sacs de sable, et non à un petit garçon jouant dans le sable, d'où la traduction « heureux comme un vendeur de sable ». Les mots en italiques indiquent le domaine de référence (sport, musique...).

Chaque page d'expressions est suivie d'une page d'activités variées et ludiques pour vous permettre de vous entraîner et de vous auto-évaluer. Le corrigé de ces exercices se trouve à la fin du livre.

DESCRIBING PEOPLE • DÉCRIRE LES GENS

BEAUTY & UGLINESS • BEAUTÉ & LAIDEUR

as pretty as a picture (joli comme une image)	joli comme un cœur
she's not just a pretty face (elle n'est pas simplement un joli visage)	elle a d'autres atouts que son visage
beauty is in the eye of the beholder (la beauté est dans le regard de celui qui contemple)	ce qu'on aime est toujours beau
beauty is only skin deep (la beauté reste au niveau de la peau)	la beauté est qch de superficiel
he's a real Prince Charming	c'est un vrai Prince Charmant
she's a real stunner (elle est vraiment stupéfiante)	c'est une fille superbe
she's rather a plain Jane (c'est une femme quelconque)	ce n'est pas une beauté
he's losing his looks (il perd sa beauté)	sa beauté se fane
as ugly as sin (laid comme le péché)	laid comme un pou
an ugly duckling*	un vilain petit canard

* L'expression vient du conte de fée *Le vilain petit canard* de Hans Anderson. Des canards élèvent un jeune cygne qui leur semble laid mais qui devient très beau en grandissant.

SIZE & STRENGTH • TAILLE & FORCE PHYSIQUE

a giant of a man (un homme géant)	un vrai géant
be knee-high to a grasshopper (arriver aux genoux d'une sauterelle)	être haut comme trois pommes
as thin as a rake (maigre comme un râteau)	maigre comme un clou
be all skin and bones	n'avoir que la peau et les os
as fat as a pig (gros comme un cochon)	gros comme une barrique
as strong as an ox/a horse/a bull (aussi fort qu'un bœuf/un cheval/un taureau)	fort comme un Turc

1. Décrivez les gens sur les images en utilisant les expressions que vous avez apprises

a

b

c

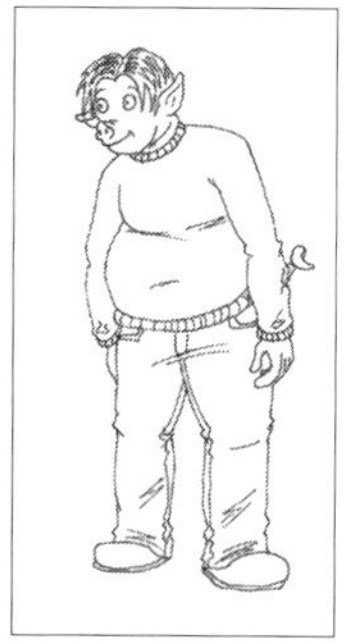

d

a. ....

b. ....

c. ....

d. ....

score .../4

2. Corrigez les erreurs dans ces phrases

a. Peter is like Popeye; he's a strong as a box.

....

c. Betty is as pretty as a photo but James is as ugly as a bin.

....

d. Brian's sister is a real shunner.

....

e. Margaret is not just a pretty fate, she's very clever too.

....

f. You should eat more, you're all thin and bones.

....

g. Poor Jenny has always been a pain Jane.

....

h. Don't you think George is loving his looks?

....

score .../7

AGE • ÂGE

as old as the hills/as Methuselah (vieux comme les collines/Methusalem)	vieux comme le monde/Hérode
he's no spring chicken (ce n'est pas un poulet printanier)	il n'est plus tout jeune
have an old head on young shoulders (avoir une vieille tête sur de jeunes épaules)	être mûr pour son âge
there's many a fine tune played on an old fiddle (il y a maints jolis airs joués sur un vieux violon)	ce n'est pas parce qu'on est vieux qu'on est bon à rien
you can't teach an old dog new tricks (on ne peut pas apprendre à un vieux chien de nouveaux tours)	on n'apprend pas à un vieux singe à faire la grimace
you're as old as you feel (on a l'âge qu'on a l'impression d'avoir)	on a l'âge de ses artères
be long in the tooth (avoir les dents qui paraissent plus longues)	être vieux
not look your age	ne pas faire son âge

LIKENESS & DIFFERENCE • RESSEMBLANCE & DIFFÉRENCE

be as alike as two peas in a pod (se ressembler comme deux petits pois dans une cosse)	se ressembler comme deux gouttes d'eau
as different as chalk and/from cheese (aussi différent que la craie et le fromage)	comme le jour et la nuit
the spitting image of someone	le portrait craché/vivant de qqn
a dead ringer for s.o.	le sosie de qqn
like father, like son	tel père, tel fils
birds of a feather flock together (les oiseaux d'un même plumage s'assemblent)	qui se ressemble s'assemble
poles apart (séparé par les poles)	diamétralement opposé
great minds think alike (les grands esprits pensent de la même façon)	les grands esprits se rejoignent

1. Trouvez l'expression illustrée

L'expression est :

....

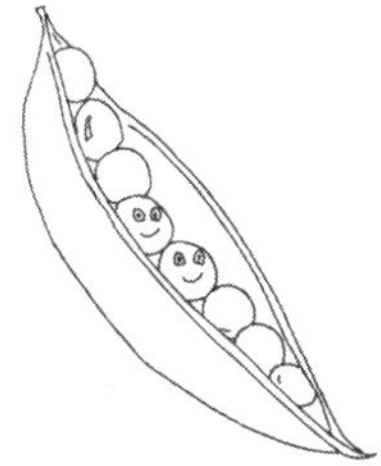

score .../1

2. Trouvez

a. Une expression pour dire que qn est très vieux :

....

b. Deux façons positives de parler de la vieillesse :

....

c. Une expression négative pour parler de la vieillesse :

....

d. Une expression pour dire qu'une jeune personne fait preuve de maturité :

....

score .../4

3. Dites la même chose de manière idiomatique

a. Susan and her best friend couldn't be more different.

....

b. You and I always agree; intelligent people have the same ideas.

....

c. People are always attracted to people like themselves.

....

d. Margaret looks exactly like her mother.

....

score .../4

APPEARANCE & CLOTHES • APPARENCE & VÊTEMENTS

look like nothing on earth (ne ressembler à rien sur terre)	avoir une tête épouvantable
you look like s.th. the cat dragged in! (tu ressembles à qch rapporté par le chat)	regarde un peu à quoi tu ressembles !
look like a drowned rat (ressembler à un rat noyé)	être trempé jusqu'aux os
as bald as a coot (chauve comme une foulque)	chauve comme un œuf
look the part (ressembler au rôle)	avoir le physique de l'emploi
look one's best	paraître à son avantage
have good dress sense	savoir s'habiller
have no dress sense	ne pas savoir s'habiller
she looks her best in red (elle est à son mieux en rouge)	c'est le rouge qui lui va le mieux
be dressed up to the nines	être tiré à quatre épingles
be dressed to kill (être habillé pour tuer)	être sur son trente et un
be in your Sunday best	porter ses habits du dimanche
cut a fine figure (couper une belle silhouette)	avoir fière allure
be all dressed up and nowhere to go	être bien habillé sans avoir l'occasion de sortir
look like mutton dressed (up) as lamb (ressembler à de la viande de mouton présentée comme de la viande d'agneau)	essayer de faire plus jeune que son âge
look as if you've been dragged through a hedge backwards (avoir l'air d'avoir été tiré à l'envers à travers une haie)	être très mal coiffé

1. Quelles expressions employez-vous dans les situations suivantes ?

a. Pour décrire une personne très mal coiffée.

....

b. Pour dire que quelqu'un est très bien habillé.

....

c. Pour parler d'une personne qui s'habille comme quelqu'un de plus jeune.

....

d. Pour décrire une personne chauve.

....

e. Pour décrire une personne qui a mis ses plus beaux vêtements mais qui ne sort pas.

....

score .../5

2. Complétez ces phrases

a. You look like something the cat .... in.
b. You should help your friend choose her clothes; she has no ....
c. Mr & Mrs Forsythe always dress up to the .... even if they're only going to the cinema.
d. If you want to get the job, you'll have to look the ....
e. She's like her mother; she always looks .... in blue.
f. Is it raining? You look like a ....!

score .../6

SEEING & HEARING • LA VUE & L'OUÏE

keep your eyes peeled/skinned/open (garder les yeux pelés/écorchés/ouverts)	ouvrir l'œil
be as blind as a bat* (être aveugle comme une chauve-souris)	être myope comme une taupe

> * Les chauve-souris n'utilisent pas leurs yeux mais emettent des sons pour se diriger.

turn a blind eye to s.th. (tourner un œil aveugle vers qch)	fermer les yeux (sur)
it's the blind leading the blind	c'est un aveugle qui conduit un aveugle
there's none so blind as those who will not see	il n'est pire aveugle que celui qui ne veut pas voir
be blind to s.o.'s faults (être aveugle aux défauts de qn)	ne pas vouloir voir les défauts de qn
it won't make a blind bit of difference	cela ne changera strictement rien
a blind date (un rendez-vous à l'aveugle)	un rendez-vous arrangé
fly into a blind rage (s'envoler dans une colère aveugle)	se mettre dans une colère noire
be a sight for sore eyes (être un spectacle réconfortant pour les yeux fatigués)	faire plaisir à voir
out of sight, out of mind (loin des yeux, loin de l'esprit))	loin des yeux, loin du cœur
hard of hearing (dur de l'ouïe)	dur d'oreille
be stone deaf (être sourd comme une pierre)	être sourd comme un pot
be as deaf as a (door)post (être sourd comme un montant de porte)	être sourd comme un pot
be all ears	être tout ouïe
keep your ear to the ground (garder l'oreille collée au sol)	se tenir aux écoutes
cock a deaf ear to s.th. (dresser une oreille sourde à qch)	faire semblant de ne pas entendre qch
fall on deaf ears	tomber dans les oreilles d'un sourd
there's none so deaf as those who will not hear	il n'est pire sourd que celui qui ne veut pas entendre

1. Trouvez le mot pour compléter ces expressions puis barrez les lettres dans la grille. Les lettres qui restent formeront une autre expression.

a. cock a deaf ....

b. be .... deaf.

c. go on a blind ....

d. as deaf as a ....

e. as blind as a ....

f. a sight for .... eyes.

H	E	A	A	R	S
T	O	R	N	E	D
D	O	A	T	F	E
P	O	H	S	T	E
A	B	R	A	T	S
I	O	R	N	E	G

L'expression est :

....

score .../7

2. Traduisez ces phrases

a. Quand il a entendu la nouvelle, il s'est mis dans une colère noire.

....

b. Souvent les parents ne voient pas les défauts de leurs enfants.

....

c. Il faut que vous ouvriez l'œil et que vous vous teniez aux écoutes.

....

score .../3

HEALTH & FITNESS • SANTÉ & FORME

look the picture of health — respirer la santé
(être l'image de la santé)

be blooming/bursting with health — être resplendissant de santé
(être florissant/débordant de santé)

be as fit as a fiddle/a flea — se porter comme un charme
(être aussi en forme qu'un violon/une puce)

be fighting fit — être en pleine forme
(être assez en forme pour se battre)

alive and kicking — plein de vie
(vivant et donnant des coups de pied)

have a cast-iron constitution — avoir une santé de fer
(avoir une constitution en fonte)

I couldn't push a bus over — je ne me sens pas terrible
(je ne pourrais pas renverser un bus)

be under the weather — ne pas être dans son assiette
(subir l'influence du temps)

feel like a wet rag — ne pas être au meilleur de sa forme
(avoir l'impression d'être comme un torchon humide)

be off colour — ne pas être dans son assiette
(avoir perdu sa couleur)

he doesn't look himself — il n'a pas l'air dans son assiette
(il ne ressemble pas à lui-même)

dog-tired — mort de fatigue
(fatigué comme un chien)

fit for nothing — incapable de faire quoi que ce soit
(capable de rien)

be as sick as a dog — être malade comme un chien

be at death's door — être à l'article de la mort
(être à la porte de la mort)

be living on borrowed time — ne plus en avoir pour longtemps
(vivre sur du temps emprunté)

look like death warmed up/over — avoir l'air complètement nase
(ressembler à la mort réchauffée)

have one foot in the grave — avoir un pied dans la tombe

an apple a day keeps the doctor away — les pommes, c'est la santé
(une pomme par jour maintient le médecin à distance)

be up and about again — être de nouveau sur pied
(être debout et se déplacer de nouveau)

feel as right as rain — se porter comme un charme
(se sentir aussi bien que la pluie)

1. Mr Robins est allé voir son médecin. Voici leur conversation mais il manque les réponses de Mr Robins. Choisissez-les parmi les phrases en bas de la page

Doctor: Good morning, Mr Robins. You're looking rather off colour.
Mr Robins: ....

Doctor: I'm surprised because you're usually blooming with health.
Mr Robins: ....

Doctor: So what exactly is wrong? You don't seem to have much energy.
Mr Robins: ....

Doctor: Any other symptoms?
Mr Robins: ....

Doctor: You do look rather like death warmed up, I must admit.
Mr Robins: ....

Doctor: Well, take these pills and we'll see how you feel.
Mr Robins: ....

Doctor: Don't be silly. And don't forget the old proverb!
Mr Robins: ....

A. At the moment I feel as if I'm at death's door!
B. I know, I have a cast-iron constitution.
C. No, I feel dog-tired all the time at the moment
D. Good morning, doctor. I've been feeling under the weather for a few days now.
E. Well, yes. I was as sick as a dog yesterday evening.
F. I feel like it too!
G. Yes, an apple a day keeps the doctor away

score .../7

SANITY & MADNESS • SANTÉ MENTALE & FOLIE

he's got a screw loose (il a une vis défaite)	il lui manque une case
he's not all there (il n'est pas entièrement là)	il lui manque une case
lose your marbles (perdre ses billes)	perdre la boule
be off your head (être hors de sa tête)	être toqué
be out of your mind (être hors de son esprit)	avoir perdu la raison/tête
be off your rocker (être tombé de son rocking-chair)	être cinglé
be/go soft in the head (avoir la tête ramollie)	perdre la boule
go/be round the bend/twist (ne plus aller droit)	être tombé sur la tête
go bananas (devenir bananes)	devenir dingue/piquer une crise
be/go nuts (être/devenir noix)	être/devenir cinglé
a nutcase (UK), nutball (US) (une boîte/balle à noix)	bon à enfermer
nutty as a fruitcake (aussi plein de noix qu'un cake)	complètement dingue
mad as a hatter*/a March hare (fou comme un chapelier/un lièvre de mars)	fou à lier

* Le Hatter est un personnage loufoque de Alice au Pays des Merveilles écrit pas Louis Caroll.

barking mad (fou comme un chien qui aboye)	complètement cinglé
stark staring mad (au regard fixe et complètement fou)	complètement fou
raving mad (fou délirant)	complètement givré
have bats in the/your belfry (avoir des chauves-souris dans son beffroi)	avoir une araignée au plafond
be batty (être comme une chauve-souris)	être timbré

1. Identifiez l'expression qui correspond à l'illustration

L'expression est :

....

score .../1

2. Trouvez l'expression

a. Trouvez trois expressions comparant les fous à des animaux :

....

....

....

b. Trouvez trois expressions avec des aliments :

....

....

....

score .../6

3. Complétez les phrases

a. You must have a .... loose to do something like that!

b. Katy has become very strange lately; I think she's finally lost ....

c. When he heard the news, he went round ....

score .../3

INTELLIGENCE & STUPIDITY • INTELLIGENCE & STUPIDITÉ

be quick/slow off the mark (*référence à la ligne de départ*)	avoir l'esprit vif/être lent d'esprit
be quick on the uptake	saisir vite
slow on the uptake	lent à comprendre/à la détente
be as sharp as a needle (être aussi pointu qu'une aiguille)	avoir l'esprit vif
bright as a button (brillant comme un bouton)	très vif d'esprit
be a bright spark (être une étincelle brillante)	être vif et intelligent
daft as a brush	bête comme un balai
have a brain like a sieve (avoir le cerveau comme une passoire)	avoir la tête comme une passoire
he's a real featherbrain (il a le cerveau comme une plume)	c'est une vraie tête de linotte
featherbrained	écervelé
as thick as two (short) planks/a brick (épais comme deux (petites) planches/une brique)	bête comme ses pieds
be one sandwich short of a picnic (ne pas avoir tous les sandwichs pour faire un pique-nique)	ne pas être très futé
be a few bricks short of a full load (ne pas avoir toutes les briques pour un chargement complet)	avoir une case de vide
be several cards short of a pack (ne pas avoir toutes les cartes pour faire un jeu)	avoir une case de vide
the lights are on but no one's at home (les lumières sont allumées mais la maison est vide)	il n'a pas toute sa tête
he doesn't have both oars in the water (il n'a pas les deux rames dans l'eau)	il n'a pas toute sa tête
he'll never set the Thames on fire (il ne mettra jamais le feu à la Tamise)	il n'a pas inventé le fil à couper le beurre/la poudre
he's too clever by half	c'est un petit malin
a clever Dick/clogs/a smart aleck	un petit malin
a silly billy	un gros bêta
my head will never save my legs	quand on n'a pas de tête, il faut avoir des jambes

1. Trouvez l'expression en remplaçant les chiffres par les lettres qui correspondent. Trois des lettres sont données.

A	B	E	G	H	I	L	M	N	O	R	S	T	U
6									11			9	

T _ _	_ _ _ _ t _	a _ _	o _	_ _ t	_ o	o _ _ ' _	a t	_ o _ _
9 5 8	7 13 10 5 9 12	6 4 8	11 14	2 3 9	14 11	11 14 8 12	6 9	5 11 1 8

score .../2

2. Remettez les mots dans l'ordre

a. several/of/short/Bill/pack/is/a/cards:

....

b. Jenny/Thames/never/on/will/fire/the/set:

....

c. as/thick/planks/are/you/short/as/two:

....

d. picnic/my/short/brother/of/a/sandwich/is/one:

....

score .../4

3. Traduisez ces phrases en anglais

a. Jessica est très vive d'esprit ; elle saisit vite.

....

b. Sa sœur est une vraie tête de linotte ; elle a la tête comme une passoire.

....

score .../4

PERSONALITY • CARACTÈRE

as changeable as the weather (aussi changeant que le temps)	une vraie girouette
as cold as ice (froid comme de la glace)	glacial
as cool as a cucumber (frais comme un concombre)	d'un calme à toute épreuve
as bold as brass (effronté comme du cuivre)	culotté
as brave as a lion	courageux comme un lion
as bright as a lark (vif comme une alouette)	gai comme un pinson
as crafty/cunning as a fox	rusé comme un renard
as fierce as a lion (féroce comme un lion)	un vrai lion
as gentle as a dove/lamb (doux comme une colombe/agneau)	doux comme un agneau
as hard as nails/iron (dur comme des clous/du fer)	sans cœur
as meek as a lamb (docile comme un agneau)	doux comme un agneau
as obstinate/stubborn as a mule	têtu comme une mule
as patient as Job* (patient comme Job)	ayant la patience d'un ange

* Personnage biblique qui a subi de nombreuses épreuves.

as playful as a kitten/puppy (enjoué comme un chaton/chiot)	espiègle
as sour as vinegar (aigre comme du vinaigre)	revêche
as strong as an ox/horse (fort comme un bœuf/un cheval)	fort comme un Turc
as timid as a mouse/rabbit (peureux comme une souris/un lapin)	qui a peur de son ombre
as tough as old boots/leather (dur comme de vieilles bottes/du cuir)	coriace
as wise as an owl/Solomon (sage comme un hibou/Salomon)	un vieux sage
as keen as mustard (vif comme de la moutarde)	très enthousiaste

1. Barrez l'intrus

a. The Smiths' daughter is as timid as a dove/a mouse/a rabbit.
b. My bank manager is as hard as iron/nails/cement.
c. She's always been as gentle as a kitten/a lamb/a dove.
d. This little girl is as playful as a puppy/a kitten/a pony.
e. Her new boyfriend is as strong as a giant/an ox/a horse.
f. Her grandfather is as tough as old boots/an old bird/leather.
g. I think a judge should be as wise as an owl/Solomon/a king.

score .../7

2. Trouvez l'expression pour décrire les personnes suivantes

a. quelqu'un qui reste toujours calme et maître de lui :

....

b. quelqu'un qui change d'avis sans arrêt :

....

c. quelqu'un de très enthousiaste :

....

d. quelqu'un de revêche :

....

e. quelqu'un de très froid :

....

score .../5

3. Trouvez quatre expressions (différentes de celles de l'activité 1) comparant les gens à des animaux

a. ....
b. ....
c. ....
d. ....

score .../4

he's a rough diamond (c'est un diamant brut)	il a l'air bourru mais il est sympathique
be a cold fish (être un poisson froid)	être froid
be pig-headed	être une tête de cochon
be a dark horse (être un cheval inconnu : *image de course*)	être énigmatique
be a lone wolf (être un coup solitaire)	être un solitaire
he wouldn't say boo to a goose (il ne dirait pas hou à une oie)	c'est un timide
she wouldn't hurt a fly	elle ne ferait pas de mal à une mouche
his bark is worse than his bite (il aboie mais ne mord pas)	il fait plus de bruit que de mal
take to something like a duck to water (s'adapter à qch comme un canard à l'eau)	mordre à qch
be in cloud-cuckoo-land (être au pays des nuages et des coucous)	planer complètement
have your head in the clouds (avoir la tête dans les nuages)	être toujours dans la lune
have your feet on the ground	avoir les pieds sur terre
be down-to-earth	avoir les pieds sur terre
keep yourself to yourself (se garder pour soi-même)	ne pas être sociable
be a busybody (être une personne très occupée)	se mêler des affaires de tout le monde
a nos(e)y parker	un fouineur
be a man/woman of few words (être un homme/une femme de peu de mots)	ne pas être très bavard
be a chatterbox (être une boîte à bavardages)	être un moulin à paroles
butter wouldn't melt in his/her mouth (le beurre ne fondrait pas dans sa bouche)	on lui donnerait le bon dieu sans confession
have a sweet tooth (avoir une dent sucrée)	aimer les sucreries
have a chip on your shoulder* (avoir un copeau sur l'épaule)	être aigri

* La légende veut qu'aux États-Unis certains hommes mettaient un bout de bois sur leur épaule en espérant que quelqu'un le ferait tomber, leur donnant ainsi un prétexte pour se bagarrer.

1. Identifiez l'expression illustrée

L'expression est :

....

score .../1

2. Remplacez les éléments soulignés par des expressions idiomatiques

a. Susan's boyfriend doesn't talk very much.

....

b. He's not like her, then; she never stops talking!

....

c. Our new neighbours are not very sociable.

....

score .../3

3. Complétez ces phrases par un nom d'animal

a. Peter is rather a lone ....

b. Margaret has always been a dark ....

c. David is so gentle; he wouldn't hurt a ....

d. Don't be so .... -headed!

e. Steven wouldn't say boo to a ....

score .../5

VANITY • VANITÉ

think you're the cat's whiskers (se prendre pour les moustaches du chat)	se prendre pour le nombril du monde
think you're the bee's knees (se prendre pour les genoux de l'abeille)	se croire sorti de la cuisse de Jupiter
be full of your own importance (être rempli de sa propre importance)	être imbu de sa personne
be full of yourself (être rempli de soi-même)	être imbu de soi-même
fish for compliments (aller à la pêche aux compliments)	chercher les compliments
be big-headed	avoir la grosse tête
be/get too big for your boots/breeches (être/devenir trop grand pour rentrer dans ses bottes/son pantalon)	avoir/attraper la grosse tête
put on airs (and graces) (prendre des airs)	se donner de grands airs
the praise went to his head	les louanges lui sont montées à la tête
blow your own trumpet (jouer de sa propre tompette)	chanter ses propres louanges
do it to look big (le faire pour avoir l'air important)	faire qch pour se donner de l'importance
a little tin god (un petit dieu d'étain)	un petit tyran d'opérette
hide your light under a bushel (cacher sa lumière sous un boisseau)	cacher son talent
as proud as a peacock	fier comme un paon

1. Corrigez les fautes dans ces phrases

a. Phil always behaves like a little bin god.

....

b. All the praise about his new book went to his bed.

....

c. How vain Jane is! She thinks she's the flea's knees.

....

d. Jason is getting too big for his boats.

score .../4

2. Traduisez les phrases suivantes

a. Jérémie se prend pour le nombril du monde.

....

b. Il a toujours eu la grosse tête.

....

c. Vous ne devriez pas cacher votre talent.

....

d. Shirley est fatigante ; elle cherche toujours des compliments.

....

score .../4

3. Quatre expressions sont mélangées dans la liste ci-dessous. Retrouvez-les.

airs – full – trumpet – put – proud – blow – be – a – own – and -peacock – your – graces – as – of – own – your – importance – on

a. ....

b. ....

c. ....

d. ....

score .../4

ANGER & ILL TEMPER • COLÈRE & MAUVAISE HUMEUR

make s.o.'s blood boil (faire bouillir le sang de qn)	faire bouillir de rage
boil over with rage (déborder de rage)	bouillir de rage
reach boiling point (atteindre le point d'ébullition)	être en ébullition
be hopping mad (sautiller de rage)	être fou de colère
lose your rag (perdre son chiffon)	sortir de ses gonds
blow your top/flip your lid (faire exploser son couvercle)	piquer une crise
fly off the handle (s'envoler du manche : *image d'une hache*)	sortir de ses gonds
hit/go through the roof/ceiling (traverser le toit/le plafond)	piquer une crise, exploser
go off the deep end (plonger dans le grand bain)	se mettre dans tous ses états
do your nut	péter les plombs
blow a fuse	péter les plombs
go nuclear (exploser comme une bombe atomique)	exploser
see red	voir rouge
throw a wobbly/wobbler	piquer une crise
get on your high horse	monter sur ses grands chevaux
get your hackles up (avoir les poils hérissés comme un chien en colère)	se hérisser
get shirty	se mettre en rogne
be/get hot under the collar (s'échauffer sous le col)	se mettre en rogne
be up in arms (against) (prendre les armes contre)	s'insurger (contre)
be/go on the warpath (être sur le sentier de la guerre)	chercher la bagarre
be out for blood (être à la recherche de sang)	chercher qn sur qui passer sa colère

1. Trouvez des expressions

a. trois expressions avec l'idée de bouillir :

....

b. deux expressions liées à la guerre :

....

c. deux expressions liées à des animaux :

....

score .../7

2. Trouvez dans la grille les mots qui complètent ces expressions

a. hit the ....
b. throw a ....
c. do your ....
d. lose your ....
e. be .... mad
f. go off the deep ....
g. fly off the ....
h. blow a ....

D	F	Z	N	A	H	Q	A	L	F	V
Z	U	X	O	W	J	G	D	O	M	C
R	S	T	T	U	J	X	O	A	K	Y
V	E	B	N	N	A	R	A	Y	V	L
F	I	I	H	A	N	D	L	E	W	B
L	F	S	O	Y	M	Z	Z	N	P	B
J	O	D	P	T	B	O	H	D	A	O
M	O	W	P	T	D	O	S	R	H	W
Q	R	P	I	U	I	M	G	L	S	A
C	Z	A	N	E	P	E	H	S	Y	R
V	R	H	G	J	M	N	X	B	H	V
N	U	T	B	B	A	D	C	U	C	B

score .../8

breathe fire (over) — fulminer (contre)
(souffler du feu (sur))

be hot-tempered — s'emporter facilement
(avoir un tempérament chaud)

have a short fuse — démarrer au quart de tour
(avoir la mèche courte)

have a face like thunder — avoir le regard noir de colère
(avoir un visage comme le tonnerre)

get out of bed (on) the wrong side — se lever du pied gauche
(sortir du lit du mauvais côté*)

> * On croyait autrefois que poser en premier
> le pied gauche en sortant du lit portait malheur.

be like a bear with a sore head — ne pas être à prendre avec des pincettes
(être comme un ours avec un mal de tête)

be fed up to the back teeth (with) — en avoir ras le bol (de)
(en avoir plein la bouche jusqu'aux molaires)

bite s.o.'s head off — rembarrer qn
(arracher la tête de qn avec ses dents)

his blood is up — il est remonté
(sa tension est haute)

feelings are running high — les esprits s'échauffent
(les sentiments montent haut)

it's like a red rag to a bull — c'est une véritable provocation
(c'est comme un chiffon rouge devant un taureau)

keep your shirt/hair on! — ne vous mettez pas en pétard !
(n'enlevez pas votre chemise/vos cheveux !)

make a song and dance about s.th — faire un tas d'histoires
(créer une chanson et une dance à propos de qch)

what's biting you? — quelle mouche vous a piqué ?
(qu'est-ce qui vous mord ?)

a hungry man is an angry man — un homme affamé est un homme en colère

1. Placez ces carreaux dans le bon ordre pour retrouver une expression

BEA	R W	SOR	A	HE'	EAD
IKE	A	E H	ITH	S L	

L'expression est : ___ ____ _ ____ ____ _ ____ ____

score .../1

2. Remettez ce dialogue dans le bon ordre

Karen: Perhaps, but he does seem to have a short fuse lately. He's always got a face like thunder. ☐

Karen: I don't know what's wrong with Steven these days; he bit my head off when I spoke to him this morning. ☐

Phil: I've noticed that too. He seems to make a song and dance about everything. I don't know what's biting him. ☐

Karen: I wonder if it's because he's trying to lose weight! ☐

Phil: Perhaps he just got out of bed on the wrong side. ☐

Phil: You may be right. After all, a hungry man is an angry man! ☐

score .../6

3. Complétez ces phrases

a. Talking to Joan about hunting is like a red rag ....
b. I'm fed up to .... with my girl friend arriving late.
c. It's not that serious! Keep .... on!

score .../3

COURAGE, DARING & COWARDICE • COURAGE, AUDACE & LÂCHETÉ

test s.o.'s mettle — mettre qn à l'épreuve

show your mettle — montrer de quoi on est capable
(montrer son courage)

beard the lion in its den — affronter un danger
(défier le lion dans sa tanière)

be bold as brass — avoir un culot pas possible
(être hardi comme du cuivre)

have the cheek of the devil — avoir un culot pas possible
(avoir l'audace du diable)

he hasn't half got a cheek — il ne manque pas de culot

Dutch courage* — courage trouvé dans la boisson
(courage hollandais)

> * Autrefois, les Hollandais avaient la réputation d'être de grands buveurs.

put on a brave face/front — faire bonne figure
(montrer un visage courageux)

keep a stiff upper lip — garder son flegme
(maintenir la lèvre supérieure rigide)

lily-livered* — poltron
(au foie couleur de lis)

> * Les Grecs croyaient que le foie des lâches étaient pâle comme le lis.

yellow-bellied — froussard
(au ventre jaune)

have a yellow streak — avoir un côté lâche
(avoir un trait jaune)

have/get cold feet — avoir la frousse
(avoir froid aux pieds)

chicken out — se dégonfler
(se retirer comme un poulet)

bury your head in the sand — pratiquer la politique de l'autruche
(enfouir sa tête dans le sable)

discretion is the better part of valour — prudence est mère de sûreté

faint heart never won fair lady — jamais honteux n'eut belle amie
(un cœur timide n'a jamais gagné une jolie femme)

nothing ventured, nothing gained — qui ne risque rien n'a rien

1. Choisissez la bonne réponse

a. You will have to face/beard/moustache the lion in its den.
b. The English are good at keeping a stiff expression/upper lip/face.
c. He needed some German/Irish/Dutch courage before the interview.
d. She put on a brave appearance/expression/face even though she was afraid.
e. You've always been yellow-faced/livered/bellied.
f. He walked in late, bold/cold/gold as brass.
g. I hope you're not going to turkey/hen/chicken out at the last minute.

score .../7

2. Complétez ces expressions et rentrez les mots dans la grille

a. have a yellow .... (6 lettres)
b. nothing ventured, nothing .... (6 lettres)
c. discretion is the better part of .... (6 lettres)
d. bury your head in the .... (4 lettres)

score .../4

HAPPINESS • BONHEUR

be on cloud nine (être sur le neuvième nuage)	être au septième ciel
be in seventh heaven	être au septième ciel
be on top of the world (être au sommet du monde)	être aux anges
be over the moon (être au-dessus de la lune)	être aux anges
happy as a sandboy (heureux comme un vendeur de sable)	heureux comme un poison dans l'eau
happy as a lark (heureux comme une alouette)	heureux comme un roi
happy as a pig in muck (heureux comme un cochon dans la boue)	heureux comme un roi
happy as a clam (US) (heureux comme une palourde)	heureux comme un poisson dans l'eau
as happy as Larry (heureux comme Larry)	heureux comme un pape
as happy as the day is long (aussi heureux que la journée est longue)	heureux comme un poisson dans l'eau
feel like a million dollars (se sentir comme un million de dollars)	se sentir heureux et en pleine forme
be floating/walking on air (flotter/marcher dans l'air)	être aux anges
feel like the cat who got the cream (UK) (se sentir comme un chat qui a pris la crème)	être très content de soi
feel like the cat who ate the canary (US) (se sentir comme un chat qui a mangé le canari)	être très content de soi
laugh your head off (rire à en perdre la tête)	être mort de rire
split your sides laughing/with laughter (rire à s'ouvrir les côtes)	se tenir les côtes
laugh like a drain (rire comme un égout)	rire à gorge déployée

1. Identifiez l'expression illustrée

L'expression est :

....

....

score .../1

2. Remettez les lettres dans l'ordre pour retrouver trois expressions puis copiez les lettres dans les cases de la dernière ligne qui portent le même numéro pour retrouver une quatrième expression.

NO COLUD INEN _ _ _ _ _ _ _ _ _ _ _
2 3 6

NI TNVSEEH VENAHE _ _ _ _ _ _ _ _ _ _ _ _ _ _ _
7 5 4

NO OPT OF ETH WODRL _ _ _ _ _ _ _ _ _hj_ _ _ _ _ _
1 11

L'expression est : _ _ _ _ _ _ _ _ G _ _ _ _ _
1 2 3 4 5 6 7 3 7 4 6 11

score .../4

3. Rayez l'intrus

a. I feel as happy as a drain/a lark/a clam.

b. You look as happy as a pig in muck/a sandboy/a million dollars.

score .../2

SADNESS • TRISTESSE

cry your heart/eyes out — pleurer toutes les larmes de son corps
(pleurer à en perdre le cœur/les yeux)

not be a happy bunny — ne pas être heureux
(ne pas être un lapin heureux)

be in the doldrums — broyer du noir
(être dans la zone des calmes équatoriaux)

be at a low ebb — être très bas/déprimé
(être à marée basse)

hit/reach rock bottom — avoir le moral à zéro
(atteindre le fond rocheux)

be down in the dumps — avoir le cafard
(être dans les décharges)

pull a long face — tirer une tête longue comme ça
(s'étirer le visage)

have a face as long as a fiddle — faire une tête de six pieds de long
(avoir un visage long comme un violon)

be down in the mouth — être déprimé
(avoir les lèvres tournées vers le bas)

have a lump in your throat — avoir la gorge serrée
(avoir une boule dans la gorge)

have your heart in your boots — être complètement découragé
(avoir son cœur dans ses bottes)

need a shoulder to cry on — avoir besoin de réconfort
(avoir besoin d'une épaule sur laquelle pleurer)

have the blues — avoir des bleus à l'âme

be as miserable as sin — avoir le moral à zéro
(être aussi malheureux que le péché)

drown your sorrows — noyer son chagrin
(noyer ses malheurs)

be a misery — être un grincheux

be a misery-guts — être un râleur

1. Identifiez l'expression illustrée

L'expression est :

....

score .../1

2. Complétez ces expressions concernant les différentes parties du corps

a. Why are you so down in the ....?
b. They both had a lump in their .... on hearing the sad news.
c. Can you come round to see me? I need a .... to cry on!
d. I can't understand why she's pulling such a long ....
e. He's had his .... in his boots ever since he lost his girlfriend.
f. She cried her .... out during the film.

score .../6

3. Corrigez les fautes dans ces phrases

a. I've been feeling down in the lumps for a long time now.

....

b. I think I've just about reached rack bottom.

....

c. He really has the flues today.

....

d. Graham has always been a real misery-gums.

....

score .../4

OPTIMISM & ILLUSIONS • OPTIMISME & ILLUSIONS

look on the bright side of things (regarder le côté positif des choses)	voir les choses du bon côté
see life through rose-coloured/-tinted glasses (voir la vie à travers des verres roses)	voir la vie en rose
live in a fool's paradise (vivre dans un paradis d'idiot)	se bercer d'illusions
build castles in the air/Spain	bâtir des châteaux en Espagne
chase rainbows (courir après des arcs-en-ciel)	se nourrir d'illusions
keep your fingers crossed*	croiser les doigts

* Autrefois on faisait ainsi le signe de croix pour se protéger du diable.

hope springs eternal (l'espoir jaillit éternellement)	l'espoir fait vivre
while there's life, there's hope	tant qu'il y a de la vie, il y a de l'espoir
never say die! (ne dites jamais mourir)	il ne faut jamais s'avouer vaincu
every cloud has a silver lining (chaque nuage à une auréole d'argent)	à qch malheur est bon
it's an ill wind that blows no one any good (c'est un mauvais vent qui n'apporte rien de bien à personne)	à qch malheur est bon
life is (just) a bowl of cherries (la vie est un bol de cerises)	il faut voir la vie en rose
no news is good news	pas de nouvelles, bonnes nouvelles
half a loaf is better than none (la moitié d'un pain vaut mieux que rien)	faute de grives on mange des merles
pie in the sky (une tarte dans le ciel)	des châteaux en Espagne
it's just wishful thinking	c'est prendre ses désirs pour des réalités
ignorance is bliss (ne pas savoir rend heureux)	il vaut mieux ne pas savoir
one swallow doesn't make a summer	une hirondelle ne fait pas le printemps
you have another think coming! (il faudra que tu réfléchisses de nouveau)	tu peux toujours courir

1. Conjuguez les verbes au temps et/ou à la forme voulu(s)

a. You .... (live) in a fool's paradise if you think you're going to win the national lottery.

b. Kim .... (always, look) on the bright side on things.

c. You must stop .... (build) castles in the air!

d. I'm getting my exam results this afternoon -.................... (keep) your fingers crossed for me!

score .../4

2. Remettez les mots dans le bon ordre pour retrouver des proverbes

a. cloud/silver/every/has/a/lining ....

....

b. a/better/half/loaf/none/than/is ....

....

c. summer/swallow/one/a/make/doesn't ....

....

d. ill/it's/blows/an/wind/no one/good/that/any ....

....

score .../4

3. Traduisez ces phrases

a. Il vaut mieux ne pas savoir.

....

b. Elle a toujours vu la vie en rose.

....

c. La situation est difficile mais il ne faut jamais s'avouer vaincu.

....

d. Pas de nouvelles, bonnes nouvelles.

....

score .../4

AMBITION & OPPORTUNISM • AMBITION & OPPORTUNISME

strike while the iron is hot	battre le fer pendant qu'il est chaud
make hay while the sun shines (faire les foins pendant que le soleil brille)	battre le fer pendant qu'il est chaud
know which side your bread's buttered on (savoir sur quel côté son pain est beurré)	savoir où se trouve son intérêt
see which way the cat jumps (voir de quel côté saute le chat)	attendre pour voir d'où vient le vent
have a finger in every pie (avoir un doigt dans chaque tourte)	se mêler de tout
have too many irons in the fire (avoir trop de fers dans le feu)	mener trop de choses de front
bite off more than you can chew (croquer plus qu'on ne peut mâcher)	avoir les yeux plus gros que le ventre
hitch your wagon to a star/s.o. (accrocher son chariot à une étoile/qn)	chercher à profiter du succès de qn
jump on the bandwagon (sauter sur le char des musiciens)	prendre le train en marche
be on/ride the gravy train (être dans/voyager dans le train à fric)	avoir trouvé le bon filon
have a foot in both camps (avoir un pied dans les deux camps)	être des deux côtés à la fois
run with the hare and hunt with the hounds (courir avec le lièvre et chasser avec les chiens)	ménager la chèvre et le chou
have an axe to grind (avoir une hache à aiguiser)	prêcher pour son saint
leave s.o. on the back foot (*image de course à pied*)	prendre qn au dépourvu
the sky's the limit (le ciel est la limite)	il n'y a pas de limite
give him an inch and he'll take a yard (donnez-lui un pouce et il prendra un mètre)	donnez-lui le doigt et il vous prendra le bras
when the cat's away, the mice will play (quand le chat est absent, les souris jouent)	quand le chat n'est pas là, les souris dansent

1. Identifiez l'expression illustrée

L'expression est :

....

score .../1

2. Cochez la bonne réponse

a. If you know which side your bread's buttered on,
- ❑ you're good at making sandwiches.
- ❑ you know where your own interest lies.
- ❑ you like butter on your bread.

b. If you have a finger in every pie,
- ❑ you are very busy cooking.
- ❑ you want to taste everything.
- ❑ you are involved in many activities.

c. If you bite off more than you can chew,
- ❑ you try to do something which is too difficult for you.
- ❑ you are greedy and take more than you can eat.
- ❑ you have problems with your teeth.

score .../3

3. Trouvez le mot qui manque

a. You can't run with the .... and hunt with the ....

b. Give her an .... and she'll take a ....

c. We must .... while the iron is ....

d. Why don't you wait and see which .... the cat ....?

e. Let's make .... while the sun ....!

score .../5

DETERMINATION & MOTIVATION • DÉTERMINATION & MOTIVATION

leave no stone unturned (retourner toutes les pierres)	mettre tout en œuvre
move heaven and earth	remuer ciel et terre
go through thick and thin for s.o. (traverser des fourrés et des forêts éparses : *image de la chasse*)	faire n'importe quoi pour qn
pull out all the stops (tirer tous les registres : *image musicale*)	faire un effort surhumain
go to great lengths to do s.th.	se donner beaucoup de mal pour faire qch
go the whole hog (acheter le cochon entier)	ne pas faire les choses à moitié
stick to your guns (rester en place près des canons : *image militaire*)	tenir bon
mean business	être sérieux
put your back into s.th.	s'y mettre énergiquement
fight tooth and nail for s.th. (se battre dent et ongle pour qch)	se battre bec et ongles pour qch
go at s.th. hammer and tongs (y aller marteau et pinces)	ne pas y aller de main morte
do s.th. by hook or by crook (faire qch par crochet ou par houlette)	faire qch coûte que coûte
not let the grass grow under your feet (ne pas laisser l'herbe pousser sous ses pieds)	ne pas perdre son temps
take the bull by the horns	saisir le taureau par les cornes
take the bit between your teeth	prendre le mors aux dents
bite the bullet (mordre la balle)	faire contre mauvaise fortune bon cœur
grasp the nettle (saisir l'ortie)	saisir le taureau par les cornes
put your best foot forward (mettre son meilleur pied en avant)	faire de son mieux
strain at the leash (tirer sur la laisse)	être très enthousiaste
in for a penny, in for a pound (si on dépense un penny, autant dépenser une livre)	autant faire les choses jusqu'au bout
where there's a will, there's a way (là où il y a la volonté, il y a un moyen)	vouloir c'est pouvoir
drag your heels/feet (traîner ses talons/pieds)	traîner les pieds

1. Traduisez ces phrases

a. Si tu veux réussir, tu dois saisir le taureau par les cornes.

....

b. La police mettra tout en œuvre pour retrouver le meurtrier.

....

c. Il a fait un effort surhumain pour obtenir l'emploi qu'il voulait.

....

d. Je réussirai coûte que coûte !

....

score .../4

2. Remettez les mots dans l'ordre pour retrouver un proverbe

a. there's/where/a/will/there's/way/a

....

b. penny/pound/for/in/in/a/a/for

....

score .../2

3. Vrai ou faux ?

a. strain at the leash = drag your heels

Vrai ❏ Faux ❏

b. grasp the nettle = take the bull by the horns

Vrai ❏ Faux ❏

score .../2

4. Choisissez la bonne réponse

a. Kevin always goes the whole pig/hog/sow.

b. I think you should stick to your rifles/cannon/guns.

c. She's ready to fight tooth and claw/nail/beak for her rights.

d. You don't let the grass/flowers/weeds grow under your feet, do you?

score .../4

SCEPTICISM & MISTRUST • SCEPTICISME & MÉFIANCE

take s.th. with a pinch of salt (prendre qch avec une pincée de sel)	ne pas prendre qch pour argent comptant
test the water (tester l'eau)	se faire une idée de la situation
see how the land lies	tâter le terrain
see which way the wind is blowing	voir d'où vient le vent
call s.o.'s bluff (inviter qn à mettre cartes sur table : *image de poker*)	prendre qn au mot
smell a rat (sentir un rat)	trouver que qch est louche
I wasn't born yesterday (je ne suis pas né hier)	je ne suis pas tombé de la dernière pluie
there are no flies on him (il n'y a pas de mouches sur lui)	il n'est pas tombé de la dernière pluie
you won't make me believe that black is white (tu ne me feras pas croire que noir est blanc)	tu ne me feras pas prendre des vessies pour des lanternes
I wouldn't trust him as far as I could throw him (je ne lui ferais pas confiance plus loin que je pourrais le jeter)	je ne lui ferais pas du tout confiance
beware of Greeks bearing gifts (méfiez-vous des Grecs qui apportent des cadeaux : *référence au cheval de Troie*)	méfiez-vous des inconnus qui vous veulent du bien
it's the thin end of the wedge (c'est le bord mince de la calle)	c'est s'engager sur une pente savonneuse
tell it to the Marines! (racontez cela aux fusiliers marins !)	racontez cela à d'autres !
pigs might fly! (les cochons pourraient voler !)	quand les poules auront des dents !
that'll be the day!	j'aimerais voir ça
once bitten, twice shy (une fois mordu, deuxième fois méfiant)	chat échaudé craint l'eau froide
there's no smoke without fire	il n'y a pas de fumée sans feu
the proof of the pudding is in the eating (c'est en le mangeant qu'on juge de la qualité du dessert)	il faut voir à l'usage
seeing is believing	je ne crois que ce que je vois

1. Remettez les lettres dans l'ordre puis barrez-les dans la grille. Les lettres qui restent formeront une autre expression

a. ONEC TIBTEN WITCE YSH
b. GISP IMTGH LYF
c. HATH LILW EB HET YAD

O	T	H	N	C	E	E	B	I
T	T	R	E	N	E	T	W	‘
S	I	C	E	N	O	S	H	Y
P	I	S	G	S	M	M	I	O
K	G	H	E	T	F	L	W	Y
T	H	I	A	T	T	H	W	I
O	L	U	L	B	E	T	T	H
E	F	D	I	A	R	Y	E	!

L'expression qui reste est :

....

score .../4

2. Complétez les phrases

a. If you agree to do that, it'll just be the thin end of the ....
b. I wouldn't trust Jack as .... as I could .... him.
c. I take everything Jill tells me with a .... of salt.
d. Peter pretended to be an expert but I soon called his ....

score .../4

3. Traduisez ces phrases

a. Je veux tâter le terrain avant de prendre une décision.

....

b. Il ne croira pas cela ; il n'est pas tombé de la dernière pluie.

....

c. Elle semble généreuse mais méfiez-vous des inconnus qui vous veulent du bien.

....

score .../3

OPENNESS & HONESTY • FRANCHISE & HONNÊTETÉ

call a spade a spade (appeler une bêche une bêche)	appeler un chat un chat
make no bones about s.th. (jeter les dés directement : *image de jeux*)	ne pas y aller avec le dos de la cuiller
not mince your words (ne pas hacher ses mots)	ne pas mâcher ses mots
pull no punches (ne pas retenir un coup : *image de boxe*)	ne pas prendre de gants
tell s.o. s.th. straight from the shoulder (*image de boxe*)	dire les choses carrément
level with s.o.	parler franchement
lay your cards on the table	mettre cartes sur table
talk turkey (parler de dindes)	parler franchement
tell s.o. s.th. to their face (dire qch à qn devant leur visage)	dire qch franchement à qn
do things by the book (faire les choses selon les textes)	suivre les règles
get s.th. off your chest (enlever qch de sa poitrine)	dire ce qu'on a sur le cœur
make a clean breast of s.th. (purger sa poitrine)	soulager sa conscience
come clean	dire toute la vérité
be clean as a whistle (être propre comme un sifflet)	être irréprochable
come out of the closet (sortir du placard : *s'emploie souvent pour les homosexuels*)	se montrer au grand jour
nail your colours to the mast (clouer son pavillon au mât : *image navale*)	afficher ses opinions
be (as) honest as the day is long (être aussi honnête que le jour est long)	être foncièrement honnête
be on the level	être honnête
be on the square (être carré comme une équerre : *image de géométrie*)	jouer franc jeu
be above board (être sur la table : *image de jeu de cartes*)	être tout à fait régulier
be straight as a die (être droit comme un dé)	être franc comme l'or

1. Complétez ces phrases par la préposition qui convient

a. You can always trust him to be .... the level.
b. Jonathan always does things .... the book.
c. Well, Harry has certainly nailed his colours .... the mast.
d. I like everything to be .... board.
e. I'd rather you told me straight .... the shoulder.
f. You'd feel better if you got it .... your chest.

score .../6

2. Quiz

a. Quelle expression fait référence à un outil de jardinage ?

....

b. De quel meuble peut-on sortir ?

....

c. Quelle expression est dérivée d'un jeu de cartes ?

....

d. Quelle volaille a inspiré une expression ?

....

e. Quelle expression est empruntée au monde de la boxe ?

....

score .../5

3. Choisissez la bonne réponse

a. I think he's on the rectangle/circle/square.
b. As far as I know, she's as straight as a dice/die/ruler.
c. He makes no stones/bones/groans about saying what he thinks.
d. I wish you'd make a clean chest/heart/breast of it.
e. She's as honest as the day/night/evening is long.
f. He never cuts/minces/chops his words.

score .../6

DECEPTION & DISHONESTY • DUPERIE & MALHONNÊTETÉ

sail under false colours — naviguer sous un faux pavillon

lead s.o. up/down the garden path — mener qn en bateau
(faire monter ou descendre le sentier du jardin)

move the goal posts — changer les règles du jeu
(déplacer les poteaux de but)

take s.o. for a ride — mener qn en bateau
(emmener qn en voiture)

play fast and loose with s.o. — traiter qn à la légère
(jouer ferme et relâché avec qn :
image de tour de passe-passe)

blow smoke in s.o.'s eyes/face — induire qn en erreur
(souffler de la fumée dans les yeux/le visage de qn)

pull the wool over s.o.'s eyes — jeter de la poudre aux yeux
(tirer la perruque sur les yeux de qn)

pull a fast one on s.o. — jouer un mauvais tour à qn

cook the books — truquer les comptes
(cuisiner les livres de comptes)

be on the fiddle — traficoter

sell a pig in a poke — vendre chat en poche
(vendre un cochon dans un sac)

pay lip service to s.th. — faire semblant de s'intéresser à

lie through your teeth — mentir comme un arracheur de dents
(mentir à travers ses dents)

tell a cock and bull story — raconter des histoires à dormir debout
(raconter une histoire de coq et de taureau)

shed crocodile tears — verser des larmes de crocodile

cry wolf — crier au loup

a wolf in sheep's clothing — un loup déguisé en agneau

be a slippery customer — être retors
(être un client glissant)

monkey business — des combines
(des affaires de singe)

1. **Replacez les lettres dans le bon ordre dans chaque colonne pour retrouver une description du personnage illustré sur cette page et une expression idiomatique qui décrit ce qu'il fait !**

■			■			■		■					■		
							■								
			■			■						■			
■	■	■	■					■					■	■	■
								■					■	■	■

A	H	O	E	P	'	'	L	C	L	V	S	S	T	N	N
S	N	E	P	I	E	S	P	U	L	Y	T	R	I	H	E
P	E	D		H	E	O	A		E	O	E	H		I	G
	H	E		L	O		S		W	L	L	F			
				W	S				O	O	E				

La phrase est :

....

score .../2

2. **Trouvez quatre expressions avec des animaux**

a. ....

b. ....

c. ....

d. ....

score .../4

3. **Complétez ces phrases**

a. Don't let Jim lead you up the ....

b. I don't believe you; you're lying .... your .... !

c. Stop trying to blow .... in everyone's ....

score .../3

SECRETS

have a skeleton in the cupboard/closet — avoir un secret honteux
(avoir un squelette dans le placard)

keep s.th. under your hat — garder qch pour soi
(garder qch sous son chapeau)

keep s.th. in the dark — garder qch secret
(garder qch dans l'obscurité)

keep s.th. under wraps — garder qch secret
(garder qch enveloppé)

keep/put the lid on s.th. — garder qch pour soi
(garder/mettre le couvercle sur qch)

sweep s.th. under the carpet — étouffer qch
(balayer qch sous le tapis)

draw a veil over s.th. — jeter un voile sur qch

cover your tracks — brouiller les pistes

have s.th. up your sleeve — avoir une idée derrière la tête
(avoir qch dans sa manche :
image de jeu de cartes et de tricherie)

play your cards close to your chest — cacher son jeu

have a hidden agenda — avoir des projets secrets

paper over the cracks — masquer les défauts
(couvrir les fissures avec du papier peint)

behind closed doors — à huis clos
(dernière des portes fermées)

my lips are sealed — je n'en dirai pas un mot

mum's the word — motus et bouche cousue

1. Remplacez les mots soulignés par des expressions idiomatiques

Dorothy: I'm sure you must have <u>a secret to hide</u>.
James: It's true that <u>I like to have secret plans</u> but that doesn't mean I always <u>have a hidden plan</u>.
Dorothy: Perhaps, but I've noticed that you <u>don't like to reveal your plans</u>. Why don't you trust me?
James: If I tell you what I'm planning, do you promise to <u>keep it secret</u>?
Dorothy: <u>I won't open my mouth</u>.

Dorothy: ....
James: ....
Dorothy: ....
James: ....
Dorothy: ....

score .../6

2. Remettez les lettres dans l'ordre pour retrouver l'expression

a. ym spil era leased: ....
b. vorec ruyo skarct: ....
c. hebdin sloced rodos: ....
d. ward a levi revo: ....

score .../4

3. Choisissez la bonne réponse (il peut y en avoir plusieurs)

a. keep something under wraps/your hat/water
b. keep something in the dark/away from the light/in obscurity
c. sweep something into the bin/under the carpet/out of the door

score .../4

REVELATIONS • RÉVÉLATIONS

let the cat out of the bag	vendre la mèche
(laisser le chat sortir du sac)	
spill the beans	vendre la mèche
(renverser les haricots)	
give the game away	vendre la mèche
(révéler le jeu)	
blow the gaff on s.o.	dénoncer qn
(révéler un comportement malhonnête)	
blow the whistle on s.o./s.th.	dénoncer qn/dévoiler qch
(siffler une faute : *image de football*)	
put s.o. in the picture	mettre qn au courant
(mettre qn dans l'image)	
read s.o. like a book	savoir toujours ce que qn pense
(lire qn comme un livre)	
shout s.th. from the rooftops	crier qch sur les toits
shoot your mouth off about s.th.	révéler qch publiquement
wash your dirty linen in public	laver son linge sale en public
kiss-and-tell	révéler publiquement une aventure
(embrasser et raconter)	
take the wraps off s.th.	dévoiler qch
(enlever l'emballage de qch)	
come out in the wash	finir par se savoir
(sortir au lavage)	
show your true colours	révéler sa véritable nature
(montrer ses vraies couleurs)	
show your hand/cards	révéler son jeu
as plain as a pikestaff/as the nose on your face	clair comme de l'eau de roche
(aussi évident qu'une hampe/le nez sur son visage)	
it's written all over your face	cela se lit sur votre visage
I'd like to be a fly on the wall	j'aimerais être une petite souris
(j'aimerais être une mouche sur le mur)	
a little bird told me	mon petit doigt m'a dit
(un petit oiseau m'a dit)	

1. Trouvez les expressions

a. trois expressions avec des animaux :

....

....

....

b. deux expressions autour du jeu :

....

....

c. une expression provenant du monde du sport :

....

score .../6

2. Choisissez le mot correct

a. I don't intend to wash my dirty clothes/washing/linen in public.
b. She's always been able to read him like a picture/magazine/book.
c. I feel like shouting the news from the mountaintops/rooftops/windows.
d. Now that you've shown your true colours/shape/smell I'll never trust you again.

score .../4

3. Traduisez ces phrases

a. Il est clair comme de l'eau de roche que vous mentez.

....

b. Je déteste les stars qui révèlent publiquement leurs aventures.

....

c. Ne vous inquiétez pas ; tout finira par se savoir.

....

score .../3

PRIORITIES & IMPORTANCE • PRIORITÉS & IMPORTANCE

have other fish to fry (avoir d'autres poissons à frire)	avoir d'autres chats à fouetter
not be the be-all and end-all	ne pas être la fin du monde
put s.th. on the back burner (mettre qch sur le brûleur arrière)	mettre qch en veilleuse
be on the front burner (être sur le brûleur avant)	être une question prioritaire
put s.th. on ice (mettre qch sur de la glace)	mettre qch en attente
put s.th. in cold storage (mettre qch dans une chambre froide)	mettre qch en attente
put s.th. on hold	mettre qch en attente
make a mountain out of a molehill (faire une montagne d'une taupinière)	se faire une montagne d'un rien
be a storm in a teacup (être une tempête dans une tasse à thé)	être une tempête dans un verre d'eau
put the cart before the horse (mettre la charrette avant le cheval)	mettre la charrue avant les bœufs
not see the wood for the trees (ne voir que les arbres et pas la forêt)	se perdre dans les détails
be penny-wise and pound-foolish (être prudent pour les pence mais imprudent pour les livres)	économiser les sous et prodiguer les louis
nitpick/pick nits (chercher les poux)	chercher la petite bête
split hairs	couper les cheveux en quatre
separate the sheep from the goats (séparer les moutons des chèvres)	ne pas mélanger les torchons et les serviettes
separate the wheat from the chaff	séparer le bon grain de l'ivraie
play second fiddle to s.o. (être le deuxième violoniste)	jouer un rôle secondaire
be the fifth wheel	être la cinqième roue du carrosse
take a back seat (s'asseoir à l'arrière)	passer au second rang
it's like carrying coals to Newcastle (c'est comme apporter du charbon à Newcastle*)	c'est comme si on portait de l'eau à la rivière

* Autrefois, Newcastle fut une ville minière importante dans le nord de l'Angleterre.

1. Trouvez dans la grille les mots qui complètent ces expressions

a. Stop making a mountain out of a ....

b. I'm tired of playing second .... to you.

c. It's about time you took a back ....

d. Don't worry, it's just a storm in a ....

f. Don't you think you're putting the cart before the ....?

A	T	P	D	B	M	W	G	M
V	N	F	D	J	O	U	T	Z
Q	F	I	D	D	L	E	J	P
S	X	W	B	U	E	I	M	U
E	D	S	A	S	H	C	I	C
A	K	K	R	W	I	E	Q	A
T	N	O	O	W	L	F	K	E
W	H	J	U	Z	L	V	C	T
E	L	L	S	F	C	K	R	T

score .../5

2. Démêlez ces quatre expressions !

a. not be the penny-wise and end-all : ....

b. not see the be-all for the trees :...

c. have other wood to fry : ....

d. be fish and pound-foolish : ....

score .../4

3. Trouvez un équivalent de

a. put on ice :

....

b. separate the wheat from the chaff :

....

score .../2

CONFIDENCE & NAIVETY • CONFIANCE & NAÏVETÉ

take s.th. at (its) face value (accepter la valeur nominale de qch)	prendre qch pour argent comptant
take s.o.'s word for it	croire qn sur parole
read my lips (lisez mes lèvres)	vous pouvez me croire
bank on s.o.	compter sur qn
swallow s.th. hook, line and sinker (avaler le crochet, la ligne et le plomb)	tout gober
be wet behind the ears (être humide derrière les oreilles)	manquer d'expérience
be green (être vert)	être naïf

GRATITUDE & MEANNESS • GRATITUDE & MESQUINERIE

be grateful/thankful for small mercies	être reconnaissant des moindres bienfaits
you've made my day!	c'est la meilleure nouvelle de la journée !
give s.o. a golden handshake (donner à qn une poignée de main en or)	donner une importante prime de départ
you scratch my back and I'll scratch yours (tu grattes mon dos et je gratterai le tien)	un petit service en vaut un autre
it's yours for the asking	il suffit de le demander
never look a gift horse in the mouth (n'examinez jamais la bouche d'un cheval reçu en cadeau)	on ne critique jamais le cadeau qu'on reçoit
bite the hand that feeds you (mordre la main qui vous nourrit)	cracher dans la soupe
throw s.th. back in s.o.'s face (rejeter qch au visage de qn)	rejeter avec ingratitude l'aide de qn
as mean as muck (radin comme du fumier)	extrêmement radin
a real Scrooge (*nom du personnage principal de* A Christmas Carol *de Charles Dickens*)	un vrai grippe-sou
spoil the ship for a ha'porth of tar (gâcher le navire pour qqs centimes de goudron)	tout gâcher pour des economies de bouts de chandelle

1. Corrigez les fautes dans ces phrases

a. She swallowed the story hook, line and blinker.

....

b. When he retired, he was given a golden handshave.

....

c. We should always be graceful for small mercies.

....

d. He threw her words black in her face.

....

score .../4

2. Remettez les lettres dans l'ordre dans les cases pour retrouver trois expressions puis inscrivez les lettres correspondant aux chiffres dans les dernières cases pour déchiffrer une quatrième expression

ADRE YM SLIP									☐	☐	☐	☐	■	☐	☐	■	☐	☐	☐	☐
									4	9	10				1			12		5
NAME SA CMUK								☐	☐	☐	☐	■	☐	☐	■	☐	☐	☐	☐	☐
																	3			11
A ARLE OCROSGE							☐	■	☐	☐	☐	☐	■	☐	☐	☐	☐	☐	☐	☐
																	2			14
	☐	☐	☐	☐	☐	■	F	☐	☐	■	T	H	☐	■	☐	☐	☐	☐	☐	☐
	1	2	3	4	5		6				7	8	9		10		11	12	13	14

score .../4

3. Donnez des conseils

a. à quelqu'un qui veut tout gâcher en faisant des petites économies :

....

b. a quelqu'un qui critique un cadeau :

....

score .../2

GENERAL BEHAVIOUR • COMPORTEMENT GÉNÉRAL

be a little monkey — être un petit polisson
(être un petit singe)

have a take-it-or-leave-it attitude — avoir une attitude intransigeante
(avoir une attitude à prendre ou à laisser)

have a bee in your bonnet — avoir une idée fixe
(avoir une abeille dans son chapeau)

be a busy bee — être très occupé
(être une abeille affairée)

stand on your own two feet — voler de ses propres ailes
(se tenir sur ses propres pieds)

paddle your own canoe — se débrouiller par ses propres moyens
(pagayer son propre canoë)

keep your nose clean — se tenir à carreau
(garder son nez propre)

turn your nose up at s.th. — faire le dégoûté
(faire la grimace à qch)

not see any further than the end of your nose — ne pas voir plus loin que le bout de son nez

cut off your nose to spite your face — se punir soi-même
(couper son nez pour punir son visage)

be like a bull in a china shop — être comme un éléphant dans un magasin de porcelaine
(être comme un taureau dans un magasin de porcelaine)

as good as gold — sage comme une image
(aussi bon que l'or)

green with envy — vert de jalousie

it's (just) sour grapes — c'est de la rancœur
(c'est du raisin aigre)

the grass is always greener on the other side — l'inaccessible semble toujours plus attrayant
(l'herbe est toujours plus verte en face)

1. Trouvez une expression pour décrire une personne

a. qui est jalouse : ....

b. qui est très occupée : ....

c. qui est maladroite : ....

d. qui est très sage : ....

e. qui n'arrête pas de faire des bêtises : ....

score .../5

2. Mots croisés

Across

1. She can't see .... than the end of her nose.
2. I always .... my own canoe.
3. You're cutting your nose off to .... your face.

Down

1. You must stand on your own two ....
4. That's just sour ....

score .../5

RELATIONSHIPS • RELATIONS

GETTING ON WELL OR BADLY WITH PEOPLE • ENTENTE & MÉSENTENTE

get on with s.o. like a house on fire (s'entendre avec qn aussi facilement qu'une maison brûle)	s'entendre comme larrons en foire
be on the same wavelength as s.o.	être sur la même longueur d'ondes que qn
live in each other's pockets (vivre dans la poche l'un de l'autre)	ne pas se lâcher d'une semelle
rub shoulders with s.o. (se frotter les épaules avec qn)	côtoyer qn
rub s.o. up the right/wrong way	brosser qn dans le sens (contraire) du poil
put yourself in s.o.'s shoes (se mettre dans les chaussures de qn)	se mettre à la place de qn
work hand in glove with s.o. (travailler la main dans le gant avec qn)	être de mèche avec qn
be in s.o.'s good/bad books	être/ne pas être dans les petits papiers de qn
meet s.o. halfway (rencontrer qn à mi-chemin)	trouver un compromis avec qn
we go back a long way	nous nous connaissons depuis longtemps
one man's meat is another man's poison (la viande de l'un est la poison de l'autre)	tous les goûts sont dans la nature
get off on the right/wrong foot with s.o. (démarrer sur le bon/mauvais pied)	s'entendre bien/mal avec qn dès le début
get s.o.'s goat (retirer la chèvre de qn)	taper sur le système de qn
get up s.o.'s nose (monter au nez de qn)	taper sur les nerfs de qn
get on s.o.'s nerves	taper sur les nerfs de qn
bear s.o. a grudge	en vouloir à qn
have it in for s.o.	prendre qn en grippe
have a go at s.o.	s'en prendre à qn
have a bone to pick with s.o. (avoir un os à ronger avec qn)	avoir un compte à régler avec qn
have it out with s.o.	s'expliquer avec qn
drive s.o. round the bend/up the wall (faire prendre le virage à qn/faire monter qn en haut du mur)	rendre qn fou

1. Trouvez dans la grille les mots de la liste puis combinez-les pour former quatre expressions

S	Q	D	T	U	Z	R	J	S	A	A	P
F	H	A	L	F	W	A	Y	B	N	E	S
V	O	O	C	K	G	E	Y	P	L	L	D
O	L	T	U	M	M	B	Z	O	O	N	W
L	N	H	Q	L	A	K	G	C	D	N	I
M	E	E	T	V	D	X	A	K	W	O	T
H	I	R	I	T	F	E	S	E	A	C	H
Z	G	S	E	D	G	O	R	T	C	B	M
X	N	S	J	D	I	A	D	S	F	E	K
N	E	A	U	S	X	A	N	N	C	V	I
O	W	R	Q	A	R	T	E	R	L	I	Y
W	G	R	U	R	U	B	B	I	L	L	G

bear
with
each
other's
grudge
halway
live
meet
in
pockets
rub
shoulders
a

Les expressions sont :

....

....

....

....

score .../4

2. Trouvez une expression qui veut dire le contraire de

a. rub someone up the right way :

....

b. get on with someone like a house on fire :

....

score .../2

3. Trouvez la bonne préposition

a. Jim has always had it .... for me.

b. Come here! I've got a bone to pick .... you!

c. You're starting to get .... my nose.

score .../3

LOVE & SEDUCTION • AMOUR & SÉDUCTION

fall in love at first sight (tomber amoureux à première vue)	avoir le coup de foudre
fall head over heels in love with (faire une culbute d'amour pour)	tomber follement amoureux de
be the apple of s.o.'s eye (NB autrefois « apple » signifiait « prunelle »)	être la prunelle des yeux de qn
make (sheep's) eyes at s.o. (faire des yeux (de mouton) à qn)	faire les yeux doux à qn
give s.o. the eye	faire de l'œil à qqn
only have eyes for s.o.	n'avoir d'yeux que pour qn
lose your heart to s.o. (perdre son cœur pour qn)	tomber amoureux de qn
take a shine/a fancy to s.o.	se toquer de qn
set your cap at s.o. (mettre son bonnet pour qn)	jeter son dévolu sur qn
to have a soft spot for s.o. (avoir un point tendre pour qn)	avoir un faible pour qn
to hook a husband (attraper un mari avec un hameçon)	se trouver un mari
carry a torch for s.o. (porter un flambeau pour qn)	en pincer pour qn
he swept her off her feet (il l'a emportée d'un grand geste)	elle a eu le coup de foudre pour lui
an old flame (une ancienne flamme)	un ancien béguin
a love match	un mariage d'amour
be hot-blooded (avoir le sang chaud)	être ardent, passionné
a ladykiller (un tueurs de dames)	un bourreau des cœurs
be lovesick (être malade d'amour)	se languir d'amour
puppy love (amour de chiot)	premier amour
wear your heart on your sleeve (porter son cœur sur sa manche)	ne pas cacher ses sentiments
love is blind	l'amour est aveugle
the course of true love never did run smooth (Shakespeare, *A Midsummer Night's Dream*)	le véritable amour n'eut jamais un cours tout uni
absence makes the heart grow fonder	l'éloignement renforce l'affection

1. Dites ce que cette femme vient de faire

L'expression est :

....

....

score .../1

2. Lisez cette lettre écrite à une « agony aunt »[1] et remplacez les mots soulignés par des expressions apprises ci-dessus

Dear Agony Aunt,

As soon as I saw Jimmy I loved him. In the room at the party he was the only person I could see. I tried to attract him but he didn't seem to notice me. I knew I loved him very much and decided to do my best to make him marry me. But a friend told me he was still in love with an old girlfriend. He has really won my love but I don't want to show my feelings too openly. What can I do to get him? Please help me.

Yours in desperation,
Sally

....

....

....

....

score .../9

1. Rédactrice de la rubrique du courrier du cœur.

INDIFFERENCE, HATE & REJECTION • INDIFFÉRENCE, HAINE & REJET

play hard to get — se faire désirer
(faire celui qu'il est difficile d'avoir)

not give a damn (about) — s'en foutre

not give a hoot/two hoots (about) — s'en ficher
(ne pas donner un/deux hululement(s))

leave s.o. cold — laisser qn indifférent
(laisser qn froid)

give s.o. the cold shoulder — snober qn
(tourner une épaule froide vers qn)

send s.o. packing — envoyer promener qn
(envoyer qn faire ses valises)

send s.o. away with a flea in their ear — envoyer promener qn
(renvoyer qn avec une puce dans l'oreille)

send s.o. to Coventry — mettre qn en quarantaine
(envoyer qn à Coventry (une ville anglaise))

keep s.o. at arm's length — tenir qn à distance
(maintenir qn au bout du bras)

give s.o. a wide berth — éviter qn
(donner à qn un large poste à quai)

hate s.o.'s guts — ne pas pouvoir sentir qn
(détester les intestins de qqn)

hate s.o. like poison/the plague — haïr à mort
(haïr comme du poison/la peste)

make s.o. sick — écœurer qn
(rendre qn malade)

she can't stand the sight of him — elle ne peut pas le voir en peinture
(elle ne supporte pas sa vue)

there's no love lost between them — ils ne peuvent pas se sentir
(il n'y a pas d'amour perdu entre eux)

they have a love-hate relationship — ils s'aiment et se détestent à la fois
(ils ont des relations amour/haine)

there are other fish in the sea/there are plenty more fish in the sea — un(e) de perdu(e), dix de retrouvé(e)s
(il y a beaucoup d'autres poissons dans la mer)

he's a cold fish — il est complètement froid
(c'est un poisson froid)

it's like water off a duck's back — cela laisse complètement indifférent
(ça glisse comme de l'eau sur le dos d'un canard)

be in the doghouse — ne pas être en odeur de sainteté
(être dans la niche à chien)

1. Trouvez l'expression qui décrit la situation de ce jeune homme

L'expression est :

....

score .../1

2. Lisez la réponse de la « agony aunt » et remplacez les mots soulignés par des expressions plus idiomatiques

Dear Sally,

If I were you, I'd <u>seem more difficult to get</u>. Your efforts to seduce this boy <u>leave him indifferent</u>. You don't have the same character; you are passionate whereas he is <u>emotionless</u>. Are you sure you <u>wouldn't love and hate each other at the same time</u>? I advise you to look for someone else. After all, <u>there are lots of other men</u>.

....

....

....

....

score .../5

3. Choisissez la ou les bonne(s) réponse(s)

a. Speaking to her is like water off a duck's feathers/head/back.
b. I think we should send Bill to London/Coventry/Birmingham.
c. She's always hated her brother like poison/the plague/her guts.

score .../4

(DIS)AGREEMENT & CONFLICTS • (DES)ACCORD & CONFLITS

see eye to eye with s.o. about s.th. (voir œil à œil avec qn)	voir les choses exactement comme qn
go along with s.o. on s.th. (suivre qn sur qch)	être d'accord avec qn
fall into line with s.o.	se ranger à l'avis de qn
pour oil on troubled waters (verser de l'huile sur les eaux troubles)	calmer les esprits
clear the air	détendre l'atmosphère
give s.th. the thumbs up/down (lever/baisser le pouce)	accepter/rejeter qch
be at odds with s.o.	être en désaccord avec qn
be out of line with s.o. (ne pas être aligné avec qn)	être en désaccord avec qn
be at loggerheads with s.o. (*image de guerre médiévale*)	être à couteaux tirés avec qn
be at daggers drawn	être à couteaux tirés
stir up a hornets' nest (agiter un nid de frelons)	mettre le feu aux poudres
set the cat among the pigeons (mettre le chat parmi les pigeons)	jeter un pavé dans la mare
make the feathers fly (faire voler les plumes)	déclencher les hostilités
add coal to the fire (remettre du charbon dans le feu)	mettre de l'huile sur le feu
throw your hat into the ring (jeter son chapeau dans le ring)	entrer en lice
cross swords with s.o.	croiser le fer avec qn
there's bad blood between them (il y a du mauvais sang entre eux)	le torchon brûle entre eux
fight like cat and dog (se battre comme chat et chien)	se battre comme des chiffonniers
be at each other's throats (se jeter à la gorge l'un de l'autre)	se battre continuellement
a bone of contention (un os de discorde)	une pomme de discorde
united we stand, divided we fall (unis nous résistons, divisés nous tombons)	l'union fait la force
put that in your pipe and smoke it! (mets ça dans ta pipe et fume-le !)	si ça ne te plaît pas, c'est le même prix !
over my dead body! (par dessus mon cadavre !)	il faudrait d'abord me tuer!

1. Identifiez l'expression illustrée

L'expression est :

....

....

score .../1

2. Traduisez ces phrases

a. Karen et son frère se battent comme des chiffonniers.

....

b. Christine essaie toujours d'apaiser les esprits.

....

c. Vous avez vraiment mis le feu au poudre !

....

d. Mr Brown est souvent à couteaux tirés avec ses voisins.

....

score .../4

3. Complétez ces phrases par la préposition qui convient

a. Don't add coal .... the fire.

b. I'm going to throw my hat .... the ring.

c. There's always been bad blood .... the two men.

d. We don't always see eye .... eye .... things.

e. I think I can go .... with you .... that.

score .../7

ADMIRATION & PRAISE • ADMIRATION & LOUANGES

think the world of s.o.	admirer qn énormément
think the sun shines out of s.o. (penser que le soleil rayonne de qn)	être béat d'admiration devant qn
praise s.o. to the skies	porter qn aux nues
lay it on with a trowel (l'appliquer avec une truelle)	en faire trop
butter s.o. up (beurrer qn)	passer de la pommade à qn
take your hat off to s.o.	tirer son chapeau à qn
be the salt of the earth (*image biblique*)	être le sel de la terre
be second to none (arriver deuxième derrière personne)	être sans égal
be s.o.'s blue-eyed boy (être le garçon aux yeux bleus de qn)	être le chouchou de qn
be out of this world (être hors de ce monde)	être sensationnel
no one can hold a candle to him (personne ne mérite même de tenir une bougie pour lui)	personne ne lui arrive à la cheville
it's the best thing since sliced bread (c'est la meilleure chose depuis l'invention du pain en tranches)	on n'a pas vu mieux depuis l'invention du fil à couper le beurre
steal the show	ravir la vedette
it's nothing to write home about (il n'y a pas de quoi envoyer une lettre à la maison)	il n'y a pas de quoi se vanter
it's nothing to crow about (il n'y a pas de quoi chanter comme un coq)	il n'y a pas de quoi pavoiser

INSULTS & MOCKERY • INJURES & MOQUERIES

call s.o. names	insulter qn
call s.o. every name/everything under the sun (traiter qn de tous les noms sous le soleil)	traiter qn de tous les noms
laugh up your sleeve at s.o. (rire dans sa manche)	rire sous cape
laugh in s.o.'s face	rire au nez de qn
take the mickey out of s.o.	se moquer de qn
make s.o. a laughing stock (*référence à la punition médiévale du pilori*)	couvrir qn de ridicule

1. Trouvez le contraire de ces expressions

a. praise someone to the skies ≠

....

b. it's the best thing since sliced bread ≠

....

score .../2

2. Trouvez le mot qui manque

a. George is always laughing up his .... at people.
b. When it comes to drawing, no one can hold a .... to Jenny.
c. Stop taking the .... out of me!
d. Deirdre thinks the sun .... out of her children.

score .../4

3. Trouvez la traduction de ces expressions dans la grille et barrez les lettres. Les lettres qui restent formeront une cinquième expression.

a. sans égal
b. sensationnel
c. ravir la vedette
d. insulter

T	S	E	C	O	N	H	D
T	O	E	N	O	S	N	E
A	O	U	T	L	O	F	T
H	I	T	S	W	O	R	O
L	D	S	F	T	E	T	A
H	L	T	H	E	E	S	H
O	E	W	C	A	A	L	L
N	A	R	M	T	E	S	H

L'expression qui reste est :

....

score .../5

CONTEMPT & HUMILIATION • MÉPRIS & HUMILIATION

look down your nose at s.o. (regarder qn du haut de son nez)	mépriser qn
look s.o. up and down (regarder qn de haut en bas)	toiser qn
look down on s.o.	regarder qn de haut
look right through s.o. (traverser qn du regard)	faire comme si on ne voyait pas qn
cut s.o. dead	faire semblant de ne pas voir qn
turn up your nose at s.o./s.th. (faire la grimace avec son nez)	mépriser qn/dédaigner qch
thumb your nose at s.o.	faire un pied de nez à qn
bring/take s.o. down a peg or two	rabattre le caquet à qn
cut s.o. down to size (réduire qn à sa vraie taille)	remettre qn à sa place
make s.o. feel small (donner à qn l'impression d'être petit)	humilier qn
knock s.o. off their pedestal	faire tomber qn de son piédestal
treat s.o. like dirt (traiter qn comme de la saleté)	traiter qn comme un chien
give s.o. a bloody nose (donner un nez ensanglanté à qn)	donner une raclée à qn
put s.o.'s nose out of joint (déboîter le nez de qn)	dépiter qn
rub s.o.'s nose in it (frotter le nez de qn dedans)	ne jamais laisser oublier qch à qn
make s.o. eat humble pie (obliger qn à manger avec les gens en disgrâce)	forcer qn à se rétracter
lose face	perdre la face
fall from grace	ne plus avoir la cote
blot your copybook (faire une tache d'encre sur son cahier)	se faire mal voir
have egg on your face (avoir de l'œuf sur le visage)	se couvrir de ridicule
go to s.o. cap in hand	se présenter devant qn chapeau bas
he isn't worth his salt (il vaut moins que son sel)	il ne vaut pas grand chose
familiarity breeds contempt	la familiarité engendre le mépris
look what the cat's brought/dragged in! (regarde ce que le chat a apporté !)	regarde un peu qui pointe son nez !

1. Remettez les mots dans l'ordre

a. nose/down/look/at/your : ....

b. salt/worth/his/isn't/he : ....

c. dragged/cat/look/the/in/what : ....

d. nose/at/up/turn/your : ....

score .../4

2. Rajoutez la préposition qui manque

a. He's really knocked her .... her pedestal, hasn't he!

b. Please don't rub my nose .... it.

c. I'm going to cut him .... to size.

d. Why do you always look .... on everyone?

e. I'm afraid she's fallen .... grace.

score .../5

3. Traduisez ces phrases

a. Je vais rabattre le caquet à mon frère.

....

b. Quand j'ai rencontré Betty hier, elle a fait comme si elle ne me voyait pas.

....

c. Le mari de Catherine la traite comme un chien.

....

d. Bill a forcé Jeremy à se rétracter.

....

e. Je ne veux pas me couvrir de ridicule.

....

score .../5

HELP & BETRAYAL • AIDE & TRAHISON

come up/turn up trumps for s.o. — être là en cas de besoin
(couper avec l'atout : *image de jeu de cartes*)

lend s.o. a helping hand — donner un coup de main à qn

give s.o. a hand — donner un coup de main à qn

give s.o. a leg up — donner un coup de pouce à qn
(aider qn à monter : *image équestre*)

give s.o. an even break — donner sa chance à qn

bend over backwards to help s.o. — se mettre en quatre pour qn
(se pencher en arrière pour aider qn)

put s.o. back on their feet — remettre qn d'aplomb
(remettre qn sur pied)

give/lend s.o. a shoulder to cry on — réconforter qn
(donner à qn une épaule sur laquelle pleurer)

stand shoulder to shoulder with s.o. — se serrer les coudes
(se tenir épaule contre épaule avec qn)

pull s.o.'s chestnuts out of the fire — tirer les marrons du feu pour qn

take s.o. under your wing — prendre qn sous sa protection
(prendre qn sous son aile)

leave s.o. holding the baby — refiler le bébé à qn

leave s.o. high and dry — laisser qn en plan
(laisser qn à sec : *image maritime*)

leave s.o. in the lurch — laisser qn dans le pétrin
(image de jeu de cartes)

pull the rug from under s.o.'s feet — couper l'herbe sous les pieds de qn
(*tirer le tapis sous les pieds de qn*)

take the wind out of s.o.'s sails — couper l'herbe sous les pieds de qn
(enlever le vent des voiles de qn)

stab s.o. in the back — poignarder qn dans le dos

hit s.o. below the belt — attaquer qn sous la ceinture

sell s.o. down the river — trahir qn
(vendre qn en aval de la rivière :
image de vente d'esclaves)

stack the cards/decks against s.o. — savonner la planche de qn
(*image de jeu de cartes*)

double-cross s.o. — trahir qn

a snake in the grass — un ami perfide
(un serpent dans l'herbe)

a friend in need is a friend indeed — c'est dans le besoin qu'on reconnaît ses vrais amis
(un ami dans le besoin est effectivement un ami)

1. **Trouvez les expressions tirées**

a. du monde maritime (2) :

....

b. des jeux de cartes (2) :

....

score .../4

2. **Utilisez les mots suivants pour compléter ces phrases : shoulder, break, backwards, chestnuts, lurch, snake**

a. Christopher is such a .... in the grass! He's left his girlfriend in the ....
b. Come on! Give me an even ....!
c. Mark bent over .... to help his friend when he needed him.
d. She's always ready to give her friends a .... to cry on.
e. They can't expect us to pull their .... out of the fire.

score .../6

3. **Trouvez un synonyme et un antonyme**

a. lend someone a helping hand =

....

b. lend someone a helping hand ≠

....

score .../1

4. **Remettez les dominos dans le bon ordre pour retrouver un proverbe**

A F	NEE	IN	FR	ED	S A
NDE	D I	ND	IEN	RIE	D I

Le proverbe est : ....

score .../1

POWER & INFLUENCE • POUVOIR & INFLUENCE

put your foot down	faire preuve de fermeté
crack down on s.th.	sévir contre qch
lay down the law	dicter sa loi
throw your weight around (faire sentir son poids autour de soi)	faire sentir sa force
run a tight ship (commander un navire avec fermeté)	mener tout le monde à la baguette
twist s.o. round your little finger (tordre qn autour de son petit doigt)	faire ce que l'on veut de qn
lead s.o. by the nose	mener qn par le bout du nez
have s.o. eating out of your hand (amener qn à manger dans sa main)	faire faire ce que l'on veut à qn
have s.o. under your thumb (avoir qn sous son pouce)	mener qn à la baguette
make s.o. knuckle under	faire plier qn
twist s.o.'s arm (tordre le bras de qn)	exercer des pressions sur qn
pull the strings	tirer les ficelles
pull strings	faire jouer le piston
have s.o. on a string (tenir qn sur une ficelle)	mener qn par le bout du nez
have s.o. at your beck and call	avoir qn à ses ordres
bring s.o. to heel (obliger qn à marcher au pied)	faire rentrer qn dans le rang
have the upper hand over s.o.	avoir le dessus sur qn
have s.o. over a barrel	tenir qn à sa merci
be top dog (être le chien dominant)	avoir le dessus
rule the roost (faire la loi sur le perchoir)	faire la loi
call the tune (choisir la musique)	commander
have/hold the whip hand over s.o. (tenir le fouet)	avoir la haute main sur qn
turn up the heat (augmenter la chaleur)	accentuer la pression
be in the saddle	tenir les rênes
the movers and shakers	les grands pontes
the big guns (la grosse artillerie)	les grosses légumes
you can lead a horse to water but you can't make it drink	on ne peut pas faire boire un cheval qui n'a pas soif

1. Insérez la préposition qui convient

a. Mrs Graves has got her husband completely .... her thumb.
b. The government is going to crack .... on public spending.
c. He's got her .... a string.
d. They're going to have to bring their children .... heel.
e. I give in; you've got me .... a barrel.
f. Stop laying .... the law all the time!

score .../6

2. Remettez les mots dans l'ordre

a. over/have/hand/upper/someone/the

....

b. of/hand/out/have/eating/someone/your :

....

c. at/have/call/someone/beck/and/your :

....

d. someone/hand/hold/over/the/whip :

....

score .../4

3. Traduisez

a. Il va falloir que nous accentuions la pression.

....

b. Faites preuve de fermeté !

....

c. Elle fait ce qu'elle veut avec son père.

....

score .../3

RESPONSIBILITY • RESPONSABILITÉ

carry the can (porter le bidon)	payer les pots cassés
face the music (faire face à la musique)	braver l'orage
take the rap for s.th. (se retrouver condamné pour qch)	trinquer pour qch
pick up the baton (*image de course*)	prendre le témoin
hand/pass (on) the baton to s.o.	passer le flambeau à qn
wash your hands of s.th.	se laver les mains de qch
bring s.o. to book (confronter qn au règlement)	obliger qn à rendre des comptes
drive s.o. into a corner (coincer qn)	mettre qn au pied du mur
fiddle while Rome burns (jouer du violon pendant que Rome brûle*)	se perdre en futilités au lieu d'agir

* Selon la légende, l'empereur Néron mit le feu à Rome et joua de la lyre pendant que la ville brûlait.

pass the buck (*image de jeu de cartes*)	rejeter la responsabilité sur qn d'autre
the buck stops here	la responsabilité commence ici
point the finger at s.o.	montrer qn du doigt
lay s.th. at s.o.'s door (poser qch à la porte de qn)	imputer qch à qn
be in the frame for s.th. (être dans le cadre : *image cinématographique*)	être soupçonné d'être responsable de qch
be landed with s.th.	se retrouver avec un problème sur les bras
carry the weight of the world on your shoulders	porter toute la misère du monde sur ses épaules
get away with murder (commettre un meutre impunément)	pouvoir tout se permettre
I'm not my brother's keeper (*origine biblique: l'histoire de Cain et Abel*)	je ne suis pas responsable de lui
it's not my department	ce n'est pas mon rayon
it's out of my hands	je ne peux plus rien y faire
don't shoot the messenger! (ne tirer pas sur le messager !)	ne vous trompez pas de cible!
on your own head be it!	à vos risques et périls !

1. Dites à quelle expression cette illustration fait allusion

L'expression est :

....

score .../1

2. Trouvez la fin de phrase qui convient

a. Don't shoot ....
b. Get away ....
c. The buck ....
d. Drive someone ....
e. Lay something ....
f. Carry the weight of the world ....

1. .... into a corner.
2. .... at someone's door.
3. .... with murder.
4. .... on your shoulders.
5. .... the messenger.
6. .... stops here

score .../6

3. Choisissez la bonne réponse

a. They brought him to home/book/a corner.
b. We'll have to face the words/picture/music.
c. Don't point the ruler/thumb/finger at me!
d. On your own shoulders/back/head be it!
e. It's always me who carries the bottle/can/pot.

score .../5

REPROACHES & CRITICISM • REPROCHES & CRITIQUES

haul s.o. over the coals	passer un savon à qn
(trainer qn sur les charbons ardents)	
call s.o. on the carpet	réprimander qn
(appeler qn sur le tapis)	
pin s.o.'s ears back (US)	passer un savon à qn
(attacher les oreilles de qn en arrière)	
read s.o. the riot act	remonter les bretelles de qn
(lire à qn la loi contre les attroupements séditieux)	
tear a strip off s.o.	sonner les cloches à qn
give s.o. a dressing down	enguirlander qn
throw the book at s.o.	accabler qn de reproches
(jeter le réglement à qn)	
come down on s.o. like a ton of bricks	tomber sur le dos à qn
(descendre sur qn comme une tonne de briques)	
tell s.o. a few home truths	dire ses quatre vérités à qn
read s.o. a lecture	sermonner qn
pick holes in s.th.	chercher la petite bête
(faire des trous dans qch)	
come under fire	faire l'objet de critiques
(se trouver sous le feu)	
get a lot of stick	se faire éreinter
(recevoir des coups de bâton)	
you should have known better	vous auriez dû réfléchir davantage
you should have thought twice about it	vous auriez dû y réfléchir à deux fois
that takes the cake (GB)/biscuit (US)!	c'est le bouquet !
(cela remporte le gâteau/biscuit)	
it's the pot calling the kettle black	c'est l'hôpital qui se moque de la charité
(c'est la marmite qui accuse la bouilloire d'être noircie)	
it's six of one and half a dozen of the other	c'est blanc bonnet et bonnet blanc
(c'est six de l'un et une demi-douzaine de l'autre)	
if the cap fits, wear it!	qui se sent morveux se mouche !
(si la casquette vous va, portez-la!)	
you're a pain in the neck!	vous êtes casse-pieds !
(vous me faites mal dans le cou !)	
there's always a bad apple (in the barrel)	il y a toujours une brebis galeuse
(il y a toujours une pomme pourrie dans le tonneau)	

1. **Remettez les lettres dans l'ordre pour retrouver les expressions puis, dans les dernières cases, inscrivez les lettres correspondant aux chiffres pour identifier l'expression finale**

reat a ritsp ffo

				■		■						■			
	3		4		5			1			9				

atth teaks the keca

				■						■				■				
	2	6																

moce nerdu rife

				■						■				
							8							

teg a olt to ictsk

			■		■				■			■					
						7											

					'		■			W		Y		■		■	B			■					
1	2	3	4			5		6	7										8			9			

score .../5

2. **Que diriez-vous ?**

a. à quelqu'un qui vous casse les pied

....

b. à quelqu'un qui a agi sans réfléchir

....

c. à quelqu'un qui critique les autres sans être parfait lui-même

....

d. à quelqu'un qui devrait appliquer ses critiques à lui-même

....

e. à quelqu'un qui nie sa part de responsabiilité

....

score .../5

REVENGE • VENGEANCE

be out for revenge/blood (être à la recherche de vengeance/sang)	chercher à se venger
be after s.o.'s blood (vouloir le sang de qn)	vouloir la peau de qn
bear s.o. a grudge	avoir de la rancune contre qn
give s.o. a dose of his own medicine (donner à qn une dose de son propre médicament)	rendre à qn la monnaie de sa pièce
get your own back	se venger
give s.o. tit for tat	rendre la pareille à qn
get even with s.o.	rendre à qn la monnaie de sa pièce
turn the tables on s.o. (faire tourner la table de jeu)	retourner la situation aux dépens de qn
put a spoke in s.o.'s wheel	mettre des bâtons dans les roues de qn
rub salt into the wound/rub it in (faire rentrer du sel dans la blessure)	remuer le couteau dans la plaie
cut your nose off to spite your face (sectionner son nez pour vexer son visage)	se punir soi-même (en voulant punir qn d'autre)
laugh on the other side of your face (GB) (rire de l'autre côté du visage)	rire jaune
laugh out of the other side of your mouth (US) (rire de l'autre côté de la bouche)	rire jaune
turn the other cheek (*expression d'origine biblique*)	tendre l'autre joue
the boot (GB)/shoe (US) is on the other foot (la botte/chaussure est sur l'autre pied)	les rôles sont inversés
an eye for an eye (a tooth for a tooth) (*expression d'origine biblique*)	œil pour œil, dent pour dent
blood will have blood (citation de *Macbeth*)	le sang appelle le sang
he who laughs last, laughs longest	rira bien qui rira le dernier
revenge is sweet!	la vengeance est douce!
to err is human, to forgive divine (commettre une faute est humain, pardonner est divin)	l'erreur est humaine
revenge is a dish best eaten cold	la vengeance est un plat qui se mange froid

1. Insérez le mot manquant

a. Stop rubbing .... into the wound.
b. I'm afraid the .... is on the other foot now.
c. He who laughs ...., laughs longest.
d. He always tries to put a .... in my wheel.
b. Revenge is ....

score .../5

2. Insérez la préposition qui convient

a. I hope he won't be .... for revenge.
b. All his life he tried to give people tit .... tat.
c. After being deeply hurt, he was .... their blood.
d. Strangely enough, he ended up cutting his nose .... to spite his face.

score .../4

3. Choissisez la bonne réponse

a. He'd like to turn the tables/chairs/beds on me.
b. I'm going to give them a dose of their own cooking/medicine/tonic.
c. You'll soon be laughing on the other side of your cheek/mouth/face.
d. I didn't expect him to turn the other hand/cheek/shoulder.
e. To err is human, to forgive/forget/foretell divine.

score .../5

4. Retrouvez le proverbe en remplaçant les chiffres par des lettres

A	B	C	D	E	G	H	I	L	N	O	R	S	T	V
7	10	8	2	6	13	11	1	5	14	12	9	15	4	3

9 6 3 6 14 13 6   1 15   7   2 1 15 11   10 6 15 4   6 7 4 6 14   8 12 5 2

– – – – – – –   – –   –   – – – –   – – – –   – – – – –   – – – –

score .../1

LANGUAGE & COMMUNICATION • LANGAGE & COMMUNICATION

hear s.th. by word of mouth	entrendre qch de vive voix
hear s.th. on the grapevine (entendre qch par la vigne)	apprendre qch par le téléphone arabe
straight from the horse's mouth (directement de la bouche du cheval)	de source sûre
put s.o. in the picture (mettre qn dans le tableau)	mettre qn au courant
bring s.o. up to speed (amener qn à la même vitesse)	mettre qn au courant
speak off the cuff (parler à partir des notes écrites sur le poignet de la chemise)	parler de manière impromptue
keep the ball rolling (maintenir la balle en mouvement)	soutenir la conversation
have your say	dire ce qu'on a à dire
speak your mind	dire ce qu'on pense vraiment
talk the hind leg off a donkey (parler à décrocher la patte arrière d'un âne)	être bavard comme une pie
talk nineteen to the dozen (dire 19 mots quand qn d'autre en dit 12)	être un vrai moulin à paroles
talk your head off (parler à en faire tomber sa tête)	ne pas arrêter de parler
rabbit on about s.th.	jacasser
be a chatterbox (être une boîte à jacasserie)	être un vrai moulin à paroles
be a windbag (être un sac de vent)	être un moulin à paroles
have the gift of the gab*	avoir la langue bien pendue
be blessed with the gift of Blarney*	être un beau parleur
have kissed the Blarney stone*	avoir le don d'embobiner les gens
blarney s.o. into doing s.th.*	embobiner qn pour qu'il fasse qch

* Selon la légende, si on embrasse la Blarney stone en Ireland on acquiert le don d'embobiner les gens.

speak double Dutch (parler le hollandais double)	dire du charabia
speak mumbo jumbo	dire des âneries

1. Choisissez la forme qui convient

a. She tried to blarney us .... it.	to do - into doing
b. He really .... the gift of the gab.	is - has
c. She was determined to keep the ball	rolling - rolled
d. My brother .... a real chatterbox.	has - is

score .../4

2. Insérez le mot qui convient

a. I don't understand why he often speaks mumbo ....

b. I swear this tip is straight from the horse's ....

c. I wish they would bring me up to ....

d. My sister would talk the hind leg off a ....

e. Most of the time, he speaks off the ....

f. I do hope that he won't .... on about his neighbours again.

score .../6

3. Traduisez les phrases suivantes

a. Allez-y, dites ce que avez à dire.

....

b. J'ai entendu sa réponse de vive voix.

....

c. N'oubliez pas de me mettre au courant, s'il vous plaît.

....

d. Arrêtez de parler à tort et à travers.

....

e. Comment veux-tu que je comprenne si ce que tu dis est du charabia !

....

score .../5

talk through your hat — parler à tort et à traver
(parler à travers son chapeau)

make small talk — parler de la pluie et du beau temps
(faire la petite conversation)

pass the time of day — bavarder un peu

shut up like a clam — refuser de dire quoi que ce soit
(se fermer comme une palourde)

be tongue-tied — rester sans rien dire
(avoir la langue liée)

have s.th. on the tip of your tongue — avoir qch sur le bout de la langue

take the words out of s.o.'s mouth — dire exactement ce que qn allait dire
(enlever les mots de la bouche de qn)

put words into s.o.'s mouth — faire dire à qn ce qu'il n'a pas dit
(mettre des mots dans la bouche de qn)

dot the i's and cross the t's — mettre les points sur les i

make a slip of the tongue/pen — commettre un lapsus oral/écrit
(faire glisser sa langue/son stylo)

get your wires/lines crossed — mal se comprendre
(emmêler les fils électriques)

talk at cross purposes — ne pas parler de la même chose

talk until you're blue in the face — parler en vain
(parler à en avoir le visage bleu)

put your foot in it/your mouth — commettre une gaffe
(mettre son pied dedans/dans sa bouche)

split hairs — couper les cheveux en quatre
(couper les cheveux dans le sens de la longueur)

swear like a trooper — jurer comme un charretier
(jurer comme un soldat de la cavalerie)

it's like talking to a brick wall — c'est comme si on parlait à un mur

it's just a lot of hot air — ce n'est que du vent

what are you driving/getting at? — où voulez-vous en venir ?

has the cat got your tongue? — as-tu perdu la langue ?
(est-ce que la chat a pris ta langue ?)

silence is golden — la silence est d'or

1. Trouvez le mot qui termine ces expressions et rentrez-le dans la grille

Across
a. get your wires...
b. talk at cross...
c. split...

Down
d. swear like a...

score .../4

2. Traduisez

a. Quand je te parle, c'est comme si je parlais à un mur.

....

b. N'essayez pas de me faire dire ce que je n'ai pas dit.

....

c. Avec elle, il faut mettre les points sur les i.

....

d. Quand tu la verras, essaie de ne pas faire de gaffe.

....

e. Tu es très silencieux ; as-tu perdu la langue ?

....

score .../5

EUPHEMISMS • EUPHÉMISMES

spend a penny (dépenser un penny (aux WC publics))	aller au petit coin
powder your nose (se poudrer le nez)	aller au petit coin
go to the rest room (U.S.) (aller à la salle de repos)	aller aux toilettes
go to the ladies'/men's room (aller à la salle des femmes/hommes)	aller aux toilettes
answer the call of nature	satisfaire un besoin naturel
kick the bucket (donner un coup de pied dans le seau)	casser sa pipe
turn your toes up (avoir les orteilles tournés vers le haut)	passer l'arme à gauche
be pushing up the daisies (faire pousser les marguerites)	manger les pissenlits par la racine
pass away	s'éteindre
bite the dust (mordre la poussière)	(1) mourir ; (2) échouer
pop your clogs (mettre ses sabots au mont-de-piété)	casser sa pipe
give up the ghost	rendre l'âme
breathe your last	pousser son dernier soupir
cross over to the other side (passer de l'autre côte)	mourir
cash in your chips (échanger ses jetons : *image de jeux*)	passer l'arme à gauche
put an animal to sleep (endormir un animal)	faire piquer un animal
be between jobs (être entre deux emplois)	être à la recherche d'un emploi
spend more time with the family	être au chomâge
be in reduced circumstances	se retrouver dans la gêne
be in an interesting condition (être dans un état intéressant)	attendre un heureux évènement
have a bun in the oven (avoir un petit pain dans le four)	avoir un polichinelle dans le tiroir
be in the club	être en cloque
be in the family way	attendre un enfant
a Dear John letter	une lettre de rupture
be horizontally challenged	être gros
be vertically challenged	être petit

1. Corrigez le mot erroné dans les phrases suivantes

a. I need to answer the message of nature. ....

b. He's afraid he might turn his feet up. ....

c. Obviously, he is in no hurry to breathe his first. ....

d. John has been among jobs for two months now. ....

e. As a result, he is now in advanced circumstances. ....

score .../5

2. Remettez les mots dans l'ordre

a. the/over/side/cross/to/other ....

b. with/family/spend/the/time/more ....

c. in/chips/cash/your ....

d. up/daisies/the/pushing/be ....

e. family/in/way/the/be ....

score .../5

3. Traduisez

a. Son épouse attend un heureux évènement.

....

b. Malheureusement, ils ont dû faire piquer leur animal préféré.

....

c. Personne n'est pressé de casser sa pipe (2 traductions).

....

....

d. Il ne s'attendait pas à recevoir une lettre de rupture.

....

score .../5

ADVICE & PROVERBIAL WISDOM • CONSEILS & SAGESSE POPULAIRE

never put off until tomorrow what you can do today	ne remettez pas au lendemain ce que vous pouvez faire le jour même
don't count your chickens before they're hatched (ne comptez pas vos poulets avant qu'ils ne soient sortis de l'œuf)	ne vendez pas la peau de l'ours avant de l'avoir tué
there's many a slip 'twixt cup and lip	il y a loin de la coupe aux lèvres
don't put all your eggs in one basket	ne mettez pas tous vos œufs dans le même panier
it's no use crying over spilt milk (ce n'est pas la peine de pleurer sur du lait renversé)	ce qui est fait est fait
it's no use shutting the stable door after the horse has fled/bolted (inutile de fermer la porte de l'écurie quand le cheval s'est déjà sauvé)	il ne sert à rien de fermer la cage quand les oiseaux se sont envolés
waste not, want not (qui ne gaspille rien ne se retrouve pas dans le besoin)	il n'y a pas de petites économies
as you sow, so shall you reap	on récolte ce qu'on a semé
still waters run deep	il faut se méfier de l'eau qui dort
slow and steady wins the race (lentement et sûrement gagne la course)	il se sert à rien de courir, il faut partir à point

there's more than one way to skin a cat (il y a plusieurs façon de dépouiller un chat)	il y a plusieurs façons de plumer un canard
let sleeping dogs lie (ne réveillez pas le chien qui dort)	ne réveillez pas le chat qui dort

1. Replacez les lettres dans le bon ordre dans chaque colonne pour retrouver un conseil à donner à une personne qui a tendance à remettre les choses au lendemain

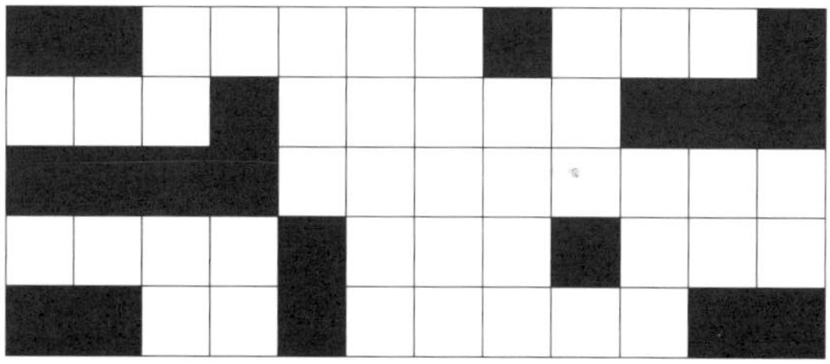

W	H	D	O	T	Y	M	U	L	Y	O	W
O	F	N	T	U	N	R	D	A	C	T	N
		F	E	V	O	O	I	P	R	A	
		A			E	T	O	R	U		
					T	O					

score .../1

2. Démêlez ces cinq proverbes

a. There's more than one way to count your chickens.
b. It's no use skinning a cat.
c. Don't put all your spilt milk in one basket.
d. Don't shut the stable door after the eggs are hatched.
e. It's no use crying after the horse has fled.

....

....

....

....

....

score .../5

don't kill the goose that lays the golden eggs	il ne faut pas tuer la poule aux œufs d'or
those who live in glass houses shouldn't throw stones (ceux qui habitent dans des maisons de verre ne devraient pas lancer de pierres)	il faut commencer par balayer devant sa porte
a bird in the hand is worth two in the bush (un oiseau dans la main en vaut deux dans le buisson)	un tiens vaut mieux que deux tu l'auras
every little helps	les petits ruisseaux font les grandes rivières
God helps those who help themselves	aide-toi, le Ciel t'aidera
early to bed, early to rise (makes a man healthy, wealthy and wise) (se coucher tôt, se lever tôt rend un homme sain, riche et sage)	l'avenir appartient à ceux qui se lèvent tôt
the early bird catches the worm (l'oiseau matinal attrape le ver de terre)	l'avenir appartient à ceux qui se lèvent tôt
better the devil you know (than the devil you don't know) (mieux vaut le diable qu'on connaît plutôt que celui qu'on ne connaît pas)	on sait ce qu'on perd, on ne sait ce qu'on retrouve
mind your p's and q's (attention de ne pas confondre les lettres p et q)	surveillez-vous
when in Rome (do as the Romans do) (à Rome, faites comme les Romains)	il faut adopter les usages de l'endroit où on se trouve
you can't judge a book by its cover (on ne peut pas juger un livre à sa couverture)	ne vous fiez pas aux apparences
all that glitters is not gold (*origine :* Le marchand de Venise *de Shakespeare*)	tout ce qui brille n'est pas or
still waters run deep	méfiez-vous de l'eau qui dort
practice makes perfect (on se perfectionne en s'entraînant)	c'est en forgeant qu'on devient forgeron
sleep on it	la nuit porte conseil
leave well alone	le mieux est l'ennemi du bien
bad things always happen in threes	jamais deux sans trois

1. Trouvez la bonne traduction

a. every little helps
b. mind your p's and q's
c. leave well alone
d. sleep on it

1. le mieux est l'enemi du bien
2. la nuit porte conseil
3. surveillez-vous
4. les petits ruisseaux font les grandes rivières

score .../4

2. Insérez le mot manquant

a. all that .... is not gold.
b. better the .... you know.
c. bad things always .... in threes.
d. a bird in the .... is worth two in the bush.
e. don't kill the .... that lays the golden eggs.

score .../5

3. Traduisez

a. C'est en forgeant qu'on devient forgeron.

....

b. Il faut commencer par balayer devant sa porte.

....

c. Ne vous fiez pas aux apparences.

....

d. Aide-toi, le Ciel t'aidera.

....

e. Il faut adopter les usages de l'endroit où l'on se trouve.

....

score .../5

SITUATIONS

DIFFICULTIES & DILEMMAS • DIFFICULTÉS & DILEMMES

be in deep/hot water (être dans de l'eau profonde/chaude)	être dans le pétrin
be in a pretty pickle (être dans du joli vinaigre)	être dans de beaux draps
be in the soup (être dans la soupe)	être dans le pétrin
be up the creek without a paddle (être au milieu de la crique sans pagaie)	être dans le pétrin
have a millstone round your neck (avoir une meule de moulin autour du cou)	trainer un boulet
be at the end of the road/line (être au bout de la route/ligne)	être au bout du rouleau
be at the end of your tether (GB)/rope (US) (être au bout de la longe/corde)	être à bout
be at your wits' end (être à la limite de ses facultés)	ne plus savoir que faire
not be out of the woods yet (ne pas être sorti du bois)	ne pas être sorti de l'auberge
have your back to/up against the wall (avoir le dos contre le mur)	être au pied du mur
be in a tight corner/spot (être dans un coin/endroit serré)	être dans une mauvaise passe
not to have a leg to stand on (ne pas avoir une jambe sur laquelle se tenir)	ne pouvoir s'appuyer sur rien
be (batting) on a sticky wicket (être à un guichet gluant : *image de cricket*)	être dans une situation difficile
be skating on thin ice (faire du patinage sur de la glace mince)	aborder un sujet délicat
be on your last legs (être sur ses dernières jambes)	être mal en point
be walking on eggshells (marcher sur des coquilles d'œufs)	marcher sur des œufs
throw a spanner in the works (jeter une clef à molette dans la machine)	mettre des bâtons dans les roues
put a spoke in s.o.'s wheel (mettre un rayon dans la roue de qn)	mettre des bâtons dans les roues à qn
upset the apple cart (renverser la charrette à pommes)	tout chambouler
rock the boat (faire tanguer le bateau)	faire des vagues

1. Complétez ces phrases puis barrer les lettres correspondant à vos réponses. Les lettres qui restent formeront une autre expression

P	I	R	C	K	L	E
M	O	I	L	L	C	S
T	O	N	E	C	O	R
K	N	T	E	R	H	P
A	D	E	D	L	E	B
S	O	P	A	N	N	A
E	R	T	H	T	I	N

a. be in a pretty ....
b. Have a .... round your neck
c. be in a tight ....
d. be up the creek without a ....
e. throw a .... in the works
f. be skating on .... ice

L'expression est :

....

score .../7

2. Corrigez l'erreur

a. She's at her wigs' end with her son. ....
b. I'm afraid we're not out of the wools yet. ....
c. You haven't got a peg to stand on. ....
d. We're on a sticky picket here. ....
e. We found ourselves talking on eggshells. ....

score .../5

3. Traduisez

a. Il n'arrête pas de me mettre des bâtons dans les roues.

....

b. Avec tout ce travail, je suis à bout.

....

c. Votre décision inattendue a vraiment tout chamboulé.

....

score .../3

be held to ransom (faire l'objet d'une demande de rançon)	avoir le couteau sous la gorge
be in a cleft stick (être dans une branche fourchue)	se trouver dans une impasse
be (caught) on the horns of a dilemma (être pris sur les cornes d'un dilemme)	être en proie à un dilemme
be caught between the devil and the deep blue sea (être coincé entre le diable et la mer bleue profonde)	être pris entre deux feux
be between a rock and a hard place (être entre un rocher et un endroit dur)	être pris dans un dilemme
be between Scylla and Charybdis	être tiraillé entre deux maux
jump out of the frying pan into the fire (sauter de la poêle dans le feu)	tomber de Charybde en Scylla
come to a head	atteindre un point critique
it never rains but it pours (quand il pleut, il pleut toujours à verse)	un malheur n'arrive jamais seul
that's a pretty/fine kettle of fish! (c'est une jolie marmite de poissons)	quel micmac!
it's a tough/hard nut to crack (c'est une noix difficile à casser)	ce n'est pas un petit problème
it's a hot potato	c'est une patate chaude
there's a fly in the ointment (il y a une mouche dans la pommade)	il y a un hic
that's where the shoe pinches (c'est là que la chaussure pince)	c'est là où le bât blesse
I wouldn't like to be in his shoes (je n'aimerais pas être dans ses souliers)	je n'aimerais pas être à sa place
it's like trying to get blood out of a stone (GB)/turnip (US) (c'est comme essayer d'extraire du sang d'un mur/d'un navet)	c'est comme si on parlait à un mur
it's like looking for a needle in a haystack	autant chercher une aiguille dans une meule de foin
it's as easy as ABC	c'est simple comme bonjour
it's a Catch 22 situation*	c'est une situation inextricable

* Provenance : roman du même titre (1961) de Joseph Heller dans lequel, pendant la deuxième guerre mondiale, les pilotes n'étaient dispensés de mission que s'ils étaient fous, mais le fait qu'il demandent cette dispense prouvait qu'ils étaient sains d'esprit.

when the chips are down (quand les jetons sont placés : *image de jeu*)	dans les moments cruciaux
it's Hobson's choice	je n'ai pas vraiment le choix
it's make or break	ça passe ou ça craque

1. Trouvez la fin de phrase qui convient

a. It's like looking for ....
b. There is a fly ....
c. That's a fine ....
d. Be caught between the devil and ....
e. It never rains ....
f. I wouldn't like to be ....

1. .... kettle of fish.
2. .... the deep blue sea.
3. .... in his shoes.
4. .... a needle in a haystack.
5. .... in the ointment.
6. .... but it pours.

score .../6

2. Remettez les mots dans l'ordre

a. hard/a/between/be/rock/place/a/and :

....

b. fire/pan/the/jump/out/the/into/frying/of :

....

c. are/chips/down/when/the :

....

d. of/get/out/a/blood/it's/to/trying/like/stone :

....

e. of/dilemma/be/horns/the/on/caught/a :

....

score .../5

3. Trouvez le mot manquant

a. It's a .... nut to crack.
b. That's where the .... pinches.
c. It's as .... as ABC.
d. He's really in a .... stick.
e. It proved to be a .... 22 situation.
f. The problem turned out to be a .... potato

score .../6

DÉCISIONS & HÉSITATION • DÉCISIONS & HÉSITATIONS

cross the Rubicon	franchir le Rubicon
sign on the dotted line (signer sur les pointillés)	donner son consentement
be in the lap of the gods (être sur les genoux des dieux)	être entre les mains des dieux
be in two minds about s.th. (avoir deux opinions sur qch)	être indécis
have mixed feelings about s.th. (avoir des sentiments mélangés)	être partagé
beat about the bush (battre autour du buisson : *image de chasse*)	tourner autour du pot
sit on the fence (être à cheval sur la clôture)	s'abstenir de prendre position
blow hot and cold	souffler le chaud et le froid
see which way the cat jumps (voir de quel côté le chat saute)	voir d'où vient le vent
pick s.th. out of a hat (sortir qch d'un chapeau)	choisir qch au hasard
be a toss up (dépendre d'un pile ou face)	être kif-kif
be left hanging in the air	rester en suspens
do s.th. on the off chance	faire qch à tout hasard
we'll cross that bridge when we come to it (nous franchirons ce pont quand nous y serons)	on verra ça le moment venu
it's a double-edged sword	c'est une arme à double tranchant
if push comes to shove (si une poussée douce se transforme en poussée plus ferme)	si la situation l'exige
like it or lump it	c'est à prendre ou à laisser
beggars can't be choosers (les mendiants ne peuvent pas choisir)	nécessité fait loi
you can't have your cake and eat it (on ne peut pas manger son gâteau et l'avoir)	on ne peut avoir le beurre et l'argent du beurre
it goes against the grain (c'est contre la fibre: image de menuiserie)	c'est contre ma nature
the ball is in your court (la balle est dans votre cour)	la balle est dans votre camp
the die is cast (le dé est jeté)	les dés sont jetés

1. Choisissez les réponses que Eileen fera à Sue

❑ I'm in two minds about taking that job, Eileen.
❑ On the one hand, the pay's good but, on the other, the hours are long.
❑ I know, but once I've crossed the Rubicon there's no going back.

a. You can't have your cake and eat it, you know, Sue.
b. Well, Sue, you'll have to make up your mind soon.
c. Well, you've got no job and no money – beggars can't be choosers.

score .../3

2. Dans les expressions suivantes, un mot a glissé vers une autre expression. Remettez-le au bon endroit

a. You'll have to stop beating about the fence.
....
b. She's got to like it or jump it.
....
c. I'll wait and see which way the cat lumps.
....
d. You can't sit on the bush for ever, you know.
....

score .../4

3. Séparer les mots et remettez-les dans l'ordre pour retrouver l'expression

ITCOMEBRIDGEWE'LLCROSSTHATWEWHENTO
L'expression est : ....

score .../1

4. Insérez la préposition qui manque

a. I can't do that; it goes .... the grain.
c. That's it, I've signed .... the dotted line!
d. She just did it on the .... chance and it worked.

score .../3

SAFETY, DANGER & RISKS • SÉCURITÉ, DANGERS & RISQUES

hedge your bets/ cover your back	se couvrir
play it safe	ne pas courir de risques
stick your neck out (avancer son cou)	se mouiller
save your bacon	sauver sa peau
escape by the skin of your teeth (échapper par la peau de ses dents)	l'échapper belle
have a narrow escape/squeak	l'échapper belle
be a near thing/a close shave (être un rasage de près)	l'échapper belle
sail close to the wind (naviguer près du vent)	prendre des risques
be a sitting duck (être un canard assis)	être une proie facile
put your head into the lion's mouth (mettre sa tête dans la gueule du lion)	se jeter dans la gueule du loup
put/lay your head/neck on the block (poser sa tête/son cou sur le billot)	risquer gros
throw caution to the winds (jeter la prudence aux vents)	oublier toute prudence
dice with death (jouer aux dés avec la mort)	jouer avec la mort
risk life and limb/your neck/skin (risquer sa vie et ses membres/son cou/sa peau)	risquer sa vie/sa peau
take your life in your hands (prendre sa vie entre ses mains)	risquer sa vie
be in the firing line	être dans la ligne de tir
a good/safe bet (un pari sûr)	un bon choix
to be on the safe side (pour être du côté sûr)	pour plus de sûreté
prevention is better than cure	mieux vaut prévenir que guérir
better safe than sorry	on n'est jamais trop prudent
forewarned is forearmed (on est armé quand on est prévenu)	un homme averti en vaut deux
fools rush in (where angels fear to tread) (les idiots se précipitent là où les anges craignent de mettre les pieds)	c'est de l'inconscience
the writing is on the wall (c'est écrit sur le mur : *origine biblique*)	la catastrophe est imminente
safe as houses/the Bank of England (aussi sûr que des maisons/la Banque d'Angleterre)	sans aucun risque

1. Insérez la préposition qui convient

a. You shouldn't dice .... death.
b. Avoid putting your head .... the lion's mouth.
c. He resents sticking his neck .... for us.
d. This young man enjoys sailing close .... the wind.
e. Racing drivers take their lives .... their hands every time they compete.

score .../5

2. Trouvez la bonne réponse

a. The writing is on the paper/book/wall.
b. Strangely enough, he threw caution to the winds/sea/wood.
c. He doesn't mind laying his hand/foot/head on the block.
d. She emphasised that she would never be a sitting hen/duck/pigeon.
a. I hope I don't have to risk life and limb/leg/head.

score .../5

3. Traduisez

a. Pour plus de sécurité, vous ferez mieux d'attendre.

....

b. Vous avez raison, on n'est jamais trop prudent.

....

c. Je dois reconnaître que je l'ai échappé belle (3 traductions).

....

....

....

d. Nous ferions mieux de nous couvrir (2 traductions).

....

....

score .../7

FEAR • PEUR

make s.o.'s blood freeze/run cold (geler/refroidir le sang de qn)	donner le frisson à qn
curdle your blood (cailler son sang)	glacer le sang de qn
frighten/scare the life/the hell out of s.o. (tuer qn de peur)	faire une peur bleue à qn
scare the living daylights out of s.o.	ficher la frousse à qn
scare the pants off s.o. (US) (faire tomber de peur le pantalon de qn)	faire une peur bleue à qn
scare s.o. out of their wits (faire perdre ses moyens à qn par la peur)	faire une peur bleue à qn
put the wind up s.o.	flanquer la frousse à qn
put the frighteners on s.o.	donner les jetons à qn
send shivers down your spine (donner des frissons dans la colonne vertébrale)	donner froid dans le dos
shake like a jelly/a leaf (trembler comme de la gelée/une feuille)	trembler comme une feuille
shake in your shoes/quake in your boots	trembler dans ses baskets
be afraid of your own shadow	avoir peur de son ombre
have butterflies in your stomach (avoir des papillons dans le ventre)	avoir le trac
have your heart in your mouth (avoir le cœur dans la bouche)	avoir le cœur qui bat la chamade
have stage fright	avoir le trac
have/get cold feet (avoir froid aux pieds)	avoir la frousse
be in a cold sweat	avoir des sueurs froides
be in a blue funk	avoir une peur bleue
be like a rabbit/deer caught in the headlights (être comme un lapin/cerf pris dans les phares)	être tétanisé
my heart is beating like a drum (mon cœur bat comme un tambour)	mon cœur bat la chamade
his hair is standing on end	ses cheveux se dressent sur sa tête

1. Remettez les lettres dans l'ordre pour retrouver six expressions

a. UPT HET WIDN PU ....

b. HAKSE KILE A LEJLY ....

c. VAHE GASTE RFHTIG ....

d. EB NI A LUBE KUNF ....

e. RUCLDE ORUY DOLOB ....

f. AMEK ORYU BODLO EFEREZ..

score .../6

2. Complétez ces phrases

a. She had .... in her stomach before the interview.

b. The sudden knock on the door scared her out of her ....

c. The horror film made his hair stand on ....

d. He was like a rabbit caught in the ....

e. The story sent .... down their spines.

f. You scared the living .... out of me!

score .../6

3. Corrigez l'erreur

a. You frightened the death out of me!

....

b. My heart was in my boots while I watched the acrobat.

....

c. He's beginning to get cold hands about the project.

....

d. I can feel my heart beating like a tambourine.

....

e. They broke out into a cold swear when they heard the cry.

....

f. Don't try and put the brighteners on me!

....

score .../6

SUCCESS • RÉUSSITE

pass with flying colours	réussir brillamment
be on/riding the crest of a wave	tout réussir
(être sur crête d'une vague)	
be riding high	avoir le vent en poupe
strike it rich	faire fortune
strike oil	trouver le bon filon
(trouver du pétrole)	
hit the jackpot	gagner le gros lot
hit/make the big time	réussir/percer
make a hit/go of s.th.	réussir pleinement qch
hit a home run	réussir un beau coup
(réussir un coup de circuit : *image de baseball*)	
be home and dry (GB)/free (US)	arriver au bout de ses peines
(être chez soi au sec/libre)	
get off the ground	décoller
be in the bag	être dans la poche
(être dans le sac)	
make the grade	se montrer à la hauteur
come up to scratch	se montrer à la hauteur
go like clockwork/on wheels	aller comme sur des roulettes
(aller comme un mouvement d'horloge)	
go swimmingly	aller comme sur des roulettes
sell like hot cakes	se vendre comme des petits pains
(se vendre comme des gâteaux chauds)	
carry the day	gagner la partie
carry all before you	triompher sur toute la ligne
(tout emporter devant soi)	
win hands down	gagner haut la main
beat s.o. hollow	battre qn à plate(s) couture(s)
beat the pants off s.o.	mettre une sacrée volée à qn
sweep the board	avoir un succès fou
(rafler le tout : *image de jeu*)	
wipe the floor with s.o.	réduire qn en miettes
(essuyer le sol avec qn)	
a red letter day	un jour à marquer d'une pierre blanche
(un jour à marquer en rouge)	
a feather in your cap	une réussite dont on peut être fier
(une plume dans sa casquette)	
that'll do the trick	cela fera l'affaire
everything is coming up roses	tout marche comme sur des roulettes
(tout pousse comme des roses)	
it's third time lucky	la troisième fois est la bonne

1. Ajoutez *the* ou rien

a. Don't worry! I think it's in .... bag.
b. I feel relieved. Everything went on .... wheels.
c. This is a good product; it sells like .... hot cakes.
d. It was difficult but he managed to carry .... day.
e. He is a hard-working boy; I'm sure he'll make .... big time.
f. We're riding on .... crest of a wave.

score .../6

2. Insérez le mot qui convient : *roses, lucky, cap, floor, dry, hollow*

a. She was lucky; she beat them ....
b. He added another feather to his ....
c. She feels proud as everything came up ....
d. In actual fact, it was third time ....
e. At long last, she is home and ....
f. I'm sure you'll wipe the .... with them all.

score .../6

3. Trouvez la traduction

a. cela fera l'affaire
b. un jour à marquer d'une pierre blanche
c. gagner haut la main
d. triompher sur toute la ligne
e. réussir brillamment
f. avoir le vent en poupe
g. se montrer à la hauteur
h. gagner le gros lot

1. come up to scratch
2. be riding high
3. pass with flying colours
4. that'll do the trick
5. hit the jackpot
6. carry all before you
7. a red letter day
8. win hands down

score .../8

FAILURE • ÉCHEC

go pear-shaped (prendre la forme d'une poire)	partir en eau de boudin
go up in smoke	partir en fumée
go to the dogs (aller aux chiens)	aller à la ruine
go to pot (aller dans la marmite)	tomber en poussière
be up the spout (être dans l'ascenseur chez le prêteur sur gage)	être fichu
come a cropper (faire une chute douleureuse)	se planter
shoot yourself in the foot	se tirer une balle dans le pied
make a pig's ear of s.th. (transformer qch en oreille de cochon)	gâcher qch
make a cock-up of s.th.	tout foutre en l'air
flog a dead horse (fouetter un cheval mort)	se dépenser en pure perte
fight a losing battle	mener un combat perdu d'avance
not have a cat in hell's chance (avoir moins de chance qu'un chat en enfer)	ne pas avoir la moindre chance
throw in the towel/the sponge/your hand (jeter la serviette/l'éponge/son jeu)	jeter l'éponge
come to a sticky end	mal finir
come/fall apart at the seams (se défaire au niveau des coutures)	aller à vau-l'eau
come unstuck (se décoller)	tomber à l'eau
backfire on s.o.	avoir des retours de flamme
be a wash-out	être un fiasco
cook s.o.'s goose (faire cuire l'oie de qn)	couler qn
put the kibosh on s.th.	faire tomber à l'eau
a wild goose chase (une chasse à l'oie sauvage)	une fausse piste
he's had his chips (il a eu ses jetons)	il est cuit
the bubble has burst (la bulle a éclaté)	le rêve s'est envolé
too many cooks spoil the broth (trop de chefs gâtent le bouillon)	on ne peut rien faire de bien quand tout le monde s'en mêle

1. Insérez le nom d'un animal

a. He spends his time trying to cook his colleague's ....
b. Fortunately, he doesn't have a .... in hell's chance of winning.
c. Actually, he is just flogging a dead ....
d. His colleague won't let him make a ....'s ear of his work.
e. It soon became clear he'd been sent on a wild .... chase.
f. If he doesn't pull himself together, he'll go completely to the ....

score .../6

2. Insérez *a*, *the* ou rien

a. In spite of all his efforts, his plans are up .... spout.
b. It's .... complete wash-out.
c. I expect him to throw in .... towel.
d. He's let everything go to .... pot since his girlfriend left him.
e. I've always been afraid he would come to .... sticky end.
f. Do you think I'm fighting .... losing battle?
g. Sadly, all my dreams have gone up in .... smoke.

score .../7

3. Traduisez les phrases suivantes

a. On ne peut rien faire de bien quand tout le monde s'en mêle.

....

b. Leurs projets sont tombés à l'eau.

....

c. Comme d'habitude, tout est parti en eau de boudin.

....

score .../3

LIMITS • RESTRICTIONS

overstep the mark	dépasser les bornes
step/tread on s.o.'s toes	marcher sur les pieds de qn
out of bounds	dont l'accès est interdit
be off limits	être interdit d'accès
be beyond the pale (être en dehors de la palissade)	être inadmissable
draw the line (at) (tracer la limite)	fixer une limite
not know where to draw the line (ne pas savoir où tracer la limite)	ne pas savoir s'arrêter
clip s.o.'s wings	rogner les ailes à qn
keep a tight rein on s.o.	tenir la bride haute à qn
have your hands tied	avoir les mains liées
cramp s.o.'s style (entraver l'élan de qn)	priver qn de ses moyens
have more than one string to your bow	avoir plus d'une corde à son arc
be free as a bird (être libre comme un oiseau)	être libre comme l'air
be footloose and fancy free	être libre comme l'air
forbidden fruit	le fruit défendu
a glass ceiling (un plafond de verre)	limite de progression dans une hierarchie
a sacred cow	une vache sacrée
there are strings attached (c'est attaché par des ficelles)	il y a des contreparties
with no strings attached (sans ficelles attachées : *ancienne image nautique*)	sans contrepartie
don't push your luck (ne poussez pas votre chance trop loin)	ne jouez pas avec le feu
it's getting beyond a joke (cela dépasse la plaisanterie)	ce n'est plus drôle
it's the last straw (that breaks the camel's back) (c'est la dernière paille qui brise le dos du chameau)	c'est la dernière goutte d'eau (qui fait déborder le vase)
the gloves are off (les gants sont enlevés : *image de boxe*)	tous les coups sont permis
no holds barred (aucune prise n'est interdite : *image de catch*)	tous les coups sont permis

1. Insérez *the* ou *a*

a. It's getting beyond .... joke.
b. He doesn't know where to draw .... line.
c. What she did was quite beyond .... pale.
d. Mind you, it's not the first time she's overstepped .... mark.
e. I think we should keep .... tighter rein on those children.
f. Now the exams are over, I feel as free as .... bird.

score .../6

2. Ajoutez le mot manquant

a. It's the last .... that breaks the camel's ....
b. They enjoy being footloose and fancy ....
c. Fortunately, she has more than one .... to her ....
d. The offer seems attractive but don't forget there are .... attached.
e. You ought to be more careful; please don't push your ....

score .../7

3. Traduisez les phrases suivantes

a. Il n'arrête pas de me marcher sur les pieds.

....

b. Je n'aime pas avoir les mains liées.

....

c. Il pense, à tort, que tous les coups sont permis. (2 traductions)

....

....

d. Ils ont essayé de me priver de mes moyens.

....

score .../5

UNDERSTANDING & KNOWLEDGE • COMPRÉHENSION & CONNAISSANCES

be quick off the mark (être rapide à partir : *image de course*)	saisir vite
know the ropes	connaître toutes les ficelles
know all the ins and outs (connaître toutes les entrées et sorties)	connaître les tenants et les aboutissants
know s.th. backwards/inside out	connaître qch sur le bout des doigts
know s.th. like the back of your hand (connaître qch comme le dos de la main)	connaître qch comme sa poche
know your onions/stuff (connaître ses oignons/affaires)	connaître son affaire
get the picture	voir (comprendre)
get your head round s.th.	piger
read between the lines	lire entre les lignes
pick s.o.'s brains (ronger le cerveau de qn)	avoir recours aux lumières de qn
give s.o. food for thought (donner de la nourriture à la pensée de qn)	donner à penser à qn
be an eye-opener	être une révélation
cross your mind	traverser l'esprit
ring a bell (faire sonner une cloche)	rappeler qch
be all at sea (être perdu en mer)	ne rien comprendre
get hold of the wrong end of the stick (saisir le bâton par le mauvais bout)	comprendre de travers
the penny's dropped (le penny est tombé : *image de distributeur*)	ça a fait tilt
your guess is as good as mine (votre hypothèse vaut la mienne)	je n'en sais pas plus que vous
it's anyone's guess	personne ne le sait vraiment
it's all Greek to me (pour moi, c'est du grec)	pour moi, c'est du chinois
it's beyond me	ça me dépasse
it's beyond my ken (ça dépasse ma compréhension/mes connaissances)	ça me dépasse
I can't make head (n)or tail of it	cela n'a ni queue ni tête
there's no rhyme (n)or reason to it	cela n'a ni queue ni tête
there's more to it/this than meets the eye (il y a plus que ce qu'on voit)	on ne connaît pas tous les dessous de cette affaire

1. Insérez la preposition qui convient

a. This book has certainly given me food .... thought.
b. Peter is clever; he's quick .... the mark.
c. I just can't get my head .... this problem.
d. Unlike his brother, he often gets hold .... the wrong end .... the stick.
e. She's all .... sea when it comes to computers.
f. He admits that maths are all Greek .... him.

score .../7

2. Traduisez les phrases suivantes

a. Cela n'a ni queue ni tête. (2 traductions)

....

....

b. Je n'en sais pas plus que vous.

....

c. Pour moi, ce film a été une révélation.

....

d. Ce problème est difficile mais John connaît les tenants et les aboutissants.

....

e. Il connaît Londres comme sa poche.

....

f. Ce qu'il m'a dit m'a rappelé quelque chose.

....

g. Enfin, ça a fait tilt !

....

score .../8

STARTING & ENDING • COMMENCER & FINIR

get off to a flying start	démarrer sur les chapeaux de roues
start from scratch (partir de la ligne de départ)	partir de zéro
set/start the ball rolling (lancer la balle)	lancer une affaire/conversation
set the wheels in motion (mettre les roues en mouvement)	mettre les choses en branle
get the show on the road (faire partir le spectable itinérant)	passer à l'action
get s.th. off the ground (faire décoller qch)	faire démarrer qch
get round to doing s.th.	finir par trouver le temps de faire qch
be under starter's orders	attendre le signal du départ
jump the gun (partir avant le signal)	agir prématurément
start off on the right foot	prendre un bon départ
turn over a new leaf (commencer une nouvelle page)	s'acheter une conduite
start with a clean slate (commencer avec une ardoise propre)	repartir sur de bonnes bases
wipe the slate clean (effacer l'ardoise)	faire table rase du passé
have/get a foot in the door (avoir un pied dans l'entrée)	établir un premier contact
hang up your hat (accrocher son chapeau)	raccrocher (abandonner)
close the book on s.th. (fermer le livre sur qch)	considérer comme une affaire classée
draw a line under s.th. (tirer un trait sous qch)	tirer un trait sur qch
tie up the loose ends	régler les derniers détails
nip s.th. in the bud (empêcher le bourgeon de se développer)	tuer qch dans l'œuf
knock s.th. on the head	faire un sort à qch
pull the plug on s.th. (retirer le bouchon)	annuler un projet
be back to square one	être de retour à la case départ
the wheel has come full circle (la roue a fait un tour complet)	la boucle est bouclée
let's call it a day	ça suffit pour aujourd'hui

1. Insérez le mot manquant

a. Graham would like to start his new life .... a clean slate.
b. He won't hang .... his hat.
c. They're determined to get the show .... the road.
d. First he has to get a foot .... the door, then we'll see.
e. He's promised to turn .... a new leaf.
f. There are just a few loose ends to tie .... and then we've finished.

score .../6

2. Remettez les mots dans l'ordre

a. full/wheel/has/the/come/circle..
b. off/foot/the/start/on/right..
c. in/wheels/set/the/motion..
d. round/get/to/something/doing..

score .../4

3. Trouvez la bonne traduction

a. annuler un projet
b. partir de zéro
c. tuer qch dans l'œuf
d. tirer un trait sur qch
e. être de retour à la case départ
f. considérer une affaire comme classée
g. faire table rase du passé
h. agir prématurément

1. draw a line under
2. wipe the slate clean
3. jump the gun
4. be back to square one
5. pull the plug on s.th.
6. nip s.th. in the bud
7. close the book on s.th.
8. start from scratch

score .../8

SOCIETY AND THE ENVIRONMENT • LA VIE EN SOCIÉTÉ ET L'ENVIRONNEMENT

THE FAMILY & THE HOME • LA FAMILLE & LA MAISON

a chip off the old block — un enfant qui tient beaucoup de l'un de ses parents
(un éclat du vieu morceau de bois)

blood is thicker than water — les liens du sang sont les plus forts
(le sang est plus épais que l'eau)

spare the rod and spoil the child — qui aime bien châtie bien
(épargner la baguette et gâter l'enfant)

the black sheep of the family — la brebis galeuse de la famille
(le mouton noir de la famille)

be born on the wrong side of the blanket — être un enfant naturel
(naître du mauvais côté de la couverture)

a hen-pecked husband — un mari mené par le bout du nez
(un mari picoté par une poule)

be under petticoat government — être un mari mené par le bout du nez
(être gouverné par des jupons)

his wife wears the trousers — c'est sa femme qui porte la culotte

it runs in the family — c'est de famille

tie the knot — se marier
(nouer le nœud)

a stag/hen party — un enterrement de la vie de garçon/ jeune fille
(une fête de cerfs/poules)

a shotgun wedding — un marriage forcé (souvent en cas de grossesse)
(un marriage de fusil de chasse)

a grass widow — une femme dont le mari est souvent en déplacement
(une veuve d'herbe)

charity begins at home — charité bien ordonnée commence par soi-même

there's no place like home — on n'est nulle part aussi bien que chez soi

home is where the heart is — on n'est vraiment bien que chez soi
(la maison est là où est le cœur)

an Englishman's home is his castle — charbonnier est maître dans sa sa maison
(la maison d'un Anglais est son château)

it's a home from home — on y est comme chez soi

give a house-warming party — pendre la crémaillère
(donner une fête pour réchauffer la maison)

make yourself at home — faire comme chez soi

1. Trouvez l'expression pour décrire

a. une fête pour enterrer sa vie de garçon

....

b. une fête pour enterrer sa vie de jeune fille

....

c. un mariage forcé

....

d. un mari dominé par sa femme (2 expressions)

....

....

e. une femme dont le mari est souvent absent

....

score .../6

2. Corrigez le mot erroné dans les phrases suivantes

a. Everyone agrees that he really is a chip from the old block. ....

b. He admits that his wife wears the hat. ....

c. An Englishman's garden is his castle. ....

d. It runs in the house. ....

e. Stephen has always been the black dog of the family. ....

f. Wine is thicker than water. ....

score .../6

3. Insérez le mot manquant

a. Make yourself at ....

b. Home is where the .... is.

c. They're looking forward to giving a house-......................... party.

d. There's no .... like home.

e. .... begins at home.

f. Spare the rod and spoil the ....

g. Jane was born on the wrong side of the ....

score .../7

THE SOCIAL HIERARCHY • HIÉRARCHIE SOCIALE

be born with a silver spoon in your mouth — naître avec une cuillère d'argent dans la bouche
climb the social ladder — s'élever dans l'échelle sociale
a social climber — un arriviste
go from rags to riches — passer de la pauvreté à la richesse
(passer des haillons à la richesse)
keep up with the Joneses — rivaliser avec ses voisins
be/sit above or below the salt* — être socialement supérieur ou inférieur
(s'asseoir au-dessus ou en-dessous du sel)

> * Autrefois, lors d'un banquet, le sel était placé au milieu de la table, avec les invités les plus importants entre l'hôte et le sel.

be out of the top drawer — être de bonne famille
(être sorti du premier tiroir)
be a cut above s.o. — être un cran au-dessus de qn
have a cut-glass accent — avoir un accent aristocratique
(avoir un accent de crystal taillé)
see how the other half lives — aller voir comment vivent les autres
(voir comment vive l'autre moitié)
the great and the good — les gens influents
(les grands et les bons)
a bigwig — une grosse légume
(une grande perruque)
the upper crust — le gratin
upper-crust — aristocratique
blue-blooded — de sang noble
(de sang bleu)
a cat may look at a king — un chien regarde bien un évêque
(un chat peut regarder un roi)

1. Complétez ces phrases puis barrez les lettres dans la grille. Un proverbe est caché parmi ces mots : trouvez-le !

	A	D	R	A	W	E	
C	A	T	R	R	A	G	S
R	I	C	H	M	A	Y	E
L	O	O	K	S	L	A	T
A	D	D	E	A	R	H	A
	L	K	I	N	G	F	

a. I'm afraid Jim is not out of the top .... (6 lettres)
b. People believe that in the USA they can go from .... to ....
(4 lettres & 6 lettres)
c. It's not always easy to climb the social .... (6 lettres)
d. She'd like to see how the other .... lives. (4 lettres)

Le proverbe est :

....

score .../6

2. Complétez ces phrases par une préposition

a. He's an aristocrat; he sits .... the salt.
b. Our new neighbours are always trying to keep .... with the Joneses.
c. Martin thinks he's a cut .... the rest of us.
d. Debbie was born .... a silver spoon .... her mouth.

score .../5

JUSTICE • LA JUSTICE

come down on s.o. like a ton of bricks (tomber sur qn comme une tonne de briques)	passer un savon à qn
throw the book at s.o. (jeter le livre de lois sur qn)	donner le maximum à qn
catch s.o. red-handed (prendre qn avec du sang sur les mains)	prendre qn la main dans le sac
catch s.o. in the act	prendre qn en flagrant délit
catch s.o. with their hand in the cookie jar (US) (prendre qn avec la main dans la boîte à biscuits)	prendre qn les doigts dans le pot de confiture
get your just deserts	recevoir ce qu'on mérite
get your come-uppance	recevoir ce qu'on mérite
be hoist with your own petard (être explosé par son propre pétard)	être pris à son propre piège
have blood on your hands	avoir du sang sur les mains
give s.o. a fair crack of the whip (donner l'occasion à qn de faire claquer le fouet)	donner à qn la chance de montrer de quoi il est capable
take the law into your own hands (prendre la loi entre ses propres mains)	se faire justice
turn king's evidence	témoigner contre ses complices
as you sow, so shall you reap	on récolte ce qu'on a semé
the chickens have come home to roost (les poulets sont revenus sur le perchoir)	ce qu'il a fait se retourne contre lui
poetic justice (la justice poétique)	la justice immanente
it serves you right!	c'est bien fait pour vous!
all's fair in love and war (tout est légitime en amour comme à la guerre)	à la guerre comme à la guerre
what's sauce for the goose is sauce for the gander (une sauce pour l'oie est aussi une sauce pour le jars)	ce qui est bon pour l'un l'est pour l'autre
every dog has its day (chaque chien a son jour de gloire)	à chacun son heure de gloire
a kangaroo court (un tribunal de kangourou)	un tribunal irrégulier
an open and shut case	un cas transparent
you might as well be hanged for a sheep as for a lamb (autant être pendu pour un mouton que pour un agneau)	quitte à avoir des ennuis autant que ça en vaille la peine

1. Insérez le nom d'animal qui manque

a. Every .... has its day.
b. You might as well be hanged for a .... as for a lamb.
c. What's sauce for the .... is sauce for the gander.
d. They decided to set up a .... court.
e. I am not surprised that the .... came home to roost.

score .../5

2. Cherchez l'erreur dans les phrases suivantes

a. Don't complain; it serves you wrong.

....

b. You cannot deny it's an open and clear case.

....

c. Don't forget that as you sow, so shall you eat.

....

d. Whatever happens, you mustn't take the court into your own hands.

....

e. In the end, they were caught with their fingers in the cookie jar.

....

f. As a result, I came down on them like a pile of bricks.

....

score .../6

3. Remettez les mots dans l'ordre

a. someone/whip/give/crack/fair/the/of/a ....
b. own/hoist/your/petard/with/be ....
c. book/at/throw/someone/the ....
d. and/love/in/all's/war/fair ....

score .../4

MONEY • L'ARGENT

be living on a shoe string (vivre avec un revenu correspondant au prix d'un lacet)	être obligé de se serrer la ceinture
live from hand to mouth (vivre de la main à la bouche)	tirer le diable par la queue
be (down) on your uppers	tirer le diable par la queue
be down to your last penny/buck (en être à son dernier penny/dollar)	ne plus avoir beaucoup d'argent
not have a penny/cent to your name (ne pas avoir un penny/cent à son nom)	être sans le sou
not have a sausage/bean (ne pas avoir une saucisse/un haricot)	ne pas avoir un radis
not have two pennies to rub together (ne pas avoir deux pennies à frotter l'un contre l'autre)	être sans le sou
be on the breadline (faire la queue pour avoir du pain)	être sans ressources
be broke	être fauché
be down and out	être sur le pavé
be as poor as a church mouse (être pauvre comme une souris d'église)	être pauvre comme Job
keep body and soul together (garder le corps et l'âme ensemble)	avoir juste assez pour subsister
make both ends meet	joindre les deux bouts
keep your head above water	se maintenir à flot
watch/mind the pennies	regarder à la dépense
feel the pinch	être dans la gêne
cut costs to the bone (couper les frais jusqu'à l'os)	réduire les frais au strict minimum
tighten your belt	se serrer la ceinture
tighten the purse strings	serrer les cordons de la bourse
draw/pull your horns in (rentrer les cornes comme un escargot)	restreindre son train de vie
be in the red (être dans le rouge)	être à découvert
be on the rocks (être sur les rochers)	être à sec
go to the wall (aller au mur)	faire faillite
rob Peter to pay Paul (voler Pierre pour payer Paul)	déshabiller Pierre pour habiller Paul
cut your coat according to your cloth (couper son manteau selon son tissu)	vivre selon ses moyens

1. Complétez avec un mot désignant une partie du corps humain

a. The firm has had to cut costs to the ....
b. While he was unemployed he had to live from .... to ....
c. I only just have enough to keep .... and .... together.
d. I can't help you out; I'm only just managing to keep my .... above water.

score .../6

2. Insérez *a*, *the* ou rien dans les phrases suivantes

a. At the end of the month you may have to tighten .... purse strings.
b. Not having .... sausage is an uncomfortable situation.
c. It's sometimes hard to make both .... ends meet.
d. In 1930's America, many people found themselves on .... bread line.
e. Poor Jane is as poor as .... church mouse.
f. We're going to have to watch .... pennies from now on.

score .../6

3. Cherchez l'erreur

a. They don't have two coins to rub together.
....
b. John and Sheila have been living on a boot string for ages.
....
c. It's no good robbing Peter to pay John.
....
d. You should cut your hat according to your cloth.
....

score .../4

4. Remettez les lettres dans l'ordre pour retrouver l'expression

a. ownd ot oryu stal nenyp : ....
b. elfe het chinp : ....

score .../2

bring home the bacon (rapporter du bacon à la maison)	faire bouillir la marmite
keep the pot boiling	faire bouillir la marmite
a pot boiler	une source de revenus
be the breadwinner	être le soutien de famille
keep the wolf from the door (garder le loup loin de la porte)	se mettre à l'abri du besoin
pass the hat round (faire circuler le chapeau)	faire la quête
be tight-fisted (garder le poing serré)	être près de son argent
be penny-pinching	faire des économies de bouts de chandelle
be a spendthrift	être un panier percé
play ducks and drakes with your money (faire des ricochets avec son argent)	jeter son argent par les fenêtres
be free with your money (être très libre avec son argent)	ne pas regarder à la dépense
be a soft touch	être facile à taper
lose your shirt	y laisser sa chemise
throw good money after bad	dépenser à fonds perdus
spend money like water (dépenser l'argent comme de l'eau)	avoir l'argent qui fond entre ses mains
splash money about	faire étalage de son argent
throw money down the drain (jeter l'argent dans la canalisation)	jeter l'argent par les fenêtres
put s.th. by for a rainy day (mettre de l'argent de côté pour un jour de pluie)	garder une poire pour la soif
make money hand over fist	faire des affaires en or
earn good money	bien gagner sa vie
be rolling in it	rouler sur l'or

1. Trouvez le mot qui manque

a. Why do you always play .... and drakes with your money?
b. I'm depending on you to bring home the ....
c. You should stop spending money like ....
d. I wish you'd stop being so ....-pinching!
e. If you're short of money, Bill's usually a soft ....
f. He nearly lost his .... on his last business venture.

score .../6

2. Insérez la préposition/postposition qui manque

a. I think we should put something .... for a rainy day.
b. I've never been one to throw money .... the drain.
c. Nor have I ever splashed money ....
d. John is making money hand .... fist in his new job.
e. How are we going to keep the wolf .... the door?
f. He'd resent having to pass the hat .... to survive.

score .../6

3. Trouvez la bonne traduction

a. une source de revenus	1. be free with your money
b. être un panier percé	2. be the breadwinner
c. dépenser à fonds perdus	3. be tight-fisted
d. bien gagner sa vie	4. keep the pot boiling
e. faire bouillir la marmite	5. a pot boiler
f. ne pas regarder à la dépense	6. throw good money after bad
g. être près de son argent	7. earn good money
h. être le soutien de la famille	8. be a spendthrift

score .../8

make a fast buck — se faire du fric
(faire un dollar rapide)
have pots of money — rouler sur l'or
(avoir des pots d'argent)
not be short of a bob or two — ne pas être dans l'indigence
(ne pas manquer d'un ou deux shillings)
have a nest egg — avoir un bas de laine
have money to burn — ne pas savoir quoi faire de son argent
(avoir de l'argent à brûler)
be made of money — être cousu d'or
be as rich as Croesus — être riche comme Crésus
live in the lap of luxury — vivre dans le plus grand luxe
live like a king — vivre comme un roi
feather your own nest — faire son beurre
(mettre des plumes dans son nid)

line your own pockets — se remplir les poches
have a vested interest (in s.th.) — avoir des intérêts dans qch
cost an arm and a leg — coûter les yeux de la tête
(coûter un bras et une jambe)
cost a bomb — coûter une fortune
(coûter une bombe)
cost the earth — coûter une fortune
(coûter la terre)
pay through the nose for s.th. — payer le prix fort
pay over the odds — payer qch un prix fou
(*image de pari*)
pay good money for s.th. — payer cher
get your money's worth — en avoir pour son argent
pay on the nail (GB)/on the barrelhead (US) — payer rubis sur l'ongle
put your money into bricks and mortar — investir dans l'immobilier
be going for a song — être à vendre pour une bouchée de pain
(être à vendre pour une chanson)
prices have fallen through the floor — les prix se sont effondrés
(les prix ont crevé le plancher)

1. Reformulez les phrases suivantes

a. He doesn't know what to do with his money.
He has ....

b. She paid too much for her car.
She paid through ....

c. They made a fortune in the US.
They struck ....

d. He has plenty of money.
He isn't short ....

e. I advise you to invest your money in property.
I advise you to put your money into ....

f. Bill will make plenty of money for himself.
He'll feather ....

score .../6

2. Insérez le mot manquant

a. He's as rich .... Croesus.
b. She has a nice little .... egg.
c. They've always lived in the .... of luxury.
d. The Smiths' new house cost the ....
e. He's prepared to pay on the .... for it.
f. I want to be sure I'll get my money's ....
g. Do you think I'm made of ....?

score .../7

3. Remettez les lettres dans l'ordre pour retrouver l'expression

nilc ruoy won steckop : ....

score .../1

prices have gone through the roof (les prix ont crevé le toit)	les prix ont atteint des sommets
it isn't worth a brass farthing (cela ne vaut pas une petite pièce en cuivre)	ça ne vaut pas un clou
it's money for old rope/jam (c'est de l'argent pour de la vieille ficelle/ pour de la confiture)	c'est de l'argent facilement gagné
it's chicken feed (c'est des graines pour poulets)	c'est une somme dérisoire
it's pin money (c'est de l'argent pour acheter des épingles)	c'est comme de l'argent de poche
time's money	le temps, c'est de l'argent
money makes the world go round (l'argent faire tourner le monde)	l'argent mène le monde
money talks (l'argent parle)	c'est l'argent qui décide de tout
money has no smell	l'argent n'a pas d'odeur
money is the root of all evil	l'argent est la source de tous les maux
money doesn't bring happiness	l'argent ne fait pas le bonheur
take care of the pennies and the pounds will take care of themselves (prenez soin des pennies et les livres prendront soin d'elles-mêmes)	les petits ruisseaux font les grandes rivières
money makes money (l'argent se reproduit)	l'argent va à l'argent
money doesn't grow on trees (l'argent ne pousse pas dans les arbres)	l'argent ne tombe pas du ciel
easy come, easy go (facilement gagné, facilement dépensé)	l'argent est fait pour être dépensé
when my ship comes in (quand mon navire rentrera au port)	quand j'aurais touché le gros lot
money burns a hole in his pocket (l'argent lui brûle un trou dans la poche)	l'argent lui brûle les doigts
a fool and his money are soon parted (un idiot est rapidement séparé de son argent)	aux idiots, l'argent brûle les doigts
where there's muck, there's brass (où il y a de la boue, il y a de l'argent)	l'argent n'a pas d'odeur

1. Mettez les lettres au bon endroit dans les colonnes pour trouver un conseil concernant la gestion de l'argent

				■					■			■	■
			■								■	■	■
			■				■						
				■					■				
■			■										

W	I	L	L	T	H	E	K	S	O	C	V	E	E
T	O	F	E	P	H	E	M	E	E	L	A	R	S
T	N	D		T	T	A	N	P	E	U	N	D	S
A	A	K			C	A	R	I		S	F		
	H	E			E	N		E		O			

score .../1

2. Démêlez ces mots pour retrouver deux expressions

money/chicken/it's/money/feed/it's/pin : ....

....

score .../2

3. Trouvez une façon plus idiomatique de dire les phrases soulignées

a. I'll buy new a brand new car <u>when I get rich</u>.

....

b. <u>Jimmy can't keep his money, he has to spend it.</u>

....

c. Prices have <u>gone up a lot lately</u>.

....

d. Money <u>isn't easy to get</u>.

....

e. Money is the <u>cause of all the trouble in the world</u>.

....

score .../5

WORK • TRAVAIL

put your heart and soul into your work	se donner à son travail corps et âme
work your fingers to the bone (user ses doigts jusqu'à l'os en travaillant)	s'user au travail
work yourself to a frazzle	s'éreinter au travail
be up to your ears in work (être dans le travail jusqu'aux oreilles)	être accablé de travail
be run off your feet	être débordé de travail
have a lot on your plate (avoir beaucoup dans son assiette)	avoir du pain sur la planche
have your work cut out	avoir de quoi faire
burn the midnight oil (faire brûler la lampe à huile jusqu'à minuit)	travailler tard le soir
keep your nose to the grindstone (garder le nez sur la meule)	travailler sans répit
put your shoulder to the wheel (mettre son épaule à la roue)	s'atteler à la tâche
roll up your sleeves	retrousser ses manches
make short/light work of s.th. (faire de qch un travail rapide/léger)	expédier qch
work like a slave/dog/Trojan/beaver (travailler comme un esclave/un chien/ un Troyen/un castor)	travailler comme un forçat
earn s.th. by the sweat of your brow	gagner qch à la sueur de son front
be a workaholic	être un drogué du travail
lean/rest on your oars (cesser de ramer)	prendre un repos bien mérité
mix business with pleasure	joindre l'utile à l'agréable
take a busman's holiday (prendre des vacances de chauffeur de bus)	continuer à exercer les mêmes activités pendant les vacances
everyone to his trade	à chacun son métier
a bad workman always blames his tools	les mauvais ouvriers se plaignent toujours de leurs outils
a woman's work is never done (Le travail d'une femme n'est jamais terminé)	les femmes sont constamment occupées
there's no such thing as a free lunch (un déjeuner gratuit n'existe pas)	on n'a rien sans effort
all work and no play makes Jack a dull boy	on s'abrutit à ne penser qu'au travail
it's all in a day's work	ça n'a rien d'extraordinaire

1. Reformulez les phrases suivantes

a. You can't have anything without making an effort.
There's ....

b. Don't want to do the same activity during the holidays as at work.
Don't want to take ....

c. Women are always very busy.
A woman's ....

d. You've got to relax and take your mind off work.
All work ....

score .../4

2. Insérez un mot désignant une partie du corps humain

a. Sometimes you have to earn things by the sweat of your ....
b. You'll have to put your .... to the wheel.
c. She always puts her .... and .... into her work.
d. I'm so tired of having to keep my .... to the grindstone!
e. They really work their .... to the .... don't they?
f. I can't help you today, I'm up to my .... in work.
g. She was run off her .... during the summer sales.

score .../9

3. Ajoutez le mot manquant

a. It's nice to be able to mix business .... pleasure for once.
b. He's really got his work cut .... with this new project.
c. I'd like to rest .... my oars for a while now.
d. Right, let's roll .... our sleeves and get on with the job!

score .../4

LEISURE ACTIVITIES & REST • LOISIRS & REPOS

let your hair down (défaire ses cheveux)	se défouler
let off steam (laisser échapper la vapeur)	se défouler
have a whale of a time (s'amuser comme une baleine)	s'amuser comme un fou
have the time of your life	s'amuser comme un fou
paint the town red (peindre la ville en rouge)	faire la bringue
go out on the tiles (sortir sur les tuiles)	faire la bombe
be the life and soul of the party (être la vie et l'âme de la fête)	être un boute-en-train
be a party animal (être un animal de fête)	adorer faire la fête
party the night away	faire la fête toute la nuit
have people rolling in the aisles (faire rouler les gens dans les passages)	faire mourir de rire
sow your wild oats (semer son avoine sauvage)	jeter sa gourme
be a wet blanket (être une couverture mouillée)	être un rabat-joie
be a spoilsport	être un trouble-fête
be a party pooper	être un rabat-joie
take the gilt off the gingerbread (enlever la dorure du pain d'épice)	gâter le plaisir
be a couch potato (être une pomme de terre de divan)	être un drogué de la télé
put your feet up	se reposer
take the weight off your feet (enlever le poids de ses pieds)	prendre un siège
take forty winks (prendre quarante clins d'œil)	faire un petit somme
the more, the merrier	plus on est de fous, plus on rit
let's make a day of it!	profitons au maximum de cette journée !
a change is as good as a rest (du changement fait autant de bien que du repos)	changer de décor fait autant de bien que de partir en vacances
travel broadens the mind (les voyages élargissent l'esprit)	les voyages ouvrent de nouveaux horizons

1. Insérez un mot désignant de la nourriture

a. He's not very active in his spare time; he's a couch ....
b. I hope John has sown his wild .... and will settle down now.
c. You really like to take the gilt off the ...., don't you?

score .../3

2. Insérez un mot désignant une partie du corps humain

a. She looks tired; I think she should put her .... up for a while.
b. You can count on Gary to be the life and .... of the party.
c. I could do with taking the weight off my .... for a few minutes.
d. The girls really let their .... down at the hen party!
e. I've always said that travel broadens the ....

score .../5

3. Corrigez le mot erroné dans les phrases suivantes

a. A change is as useful as a rest.
....
b. He had people laughing in the aisles.
....
c. Everybody had a bird of a time.
....
d. Let's go out and make the town red!
....
e. I'd like a night out on the roof.
....
f. I hope Jane's not at the party; she's such a white blanket.
....

score .../6

4. Remettez les dominos dans l'ordre pour retrouver l'expression

LET	Y O	T	E A	DA	'S
MAK	F I				

L'expression est :
....

score .../1

FOOD & DRINK • NOURRITURE & BOISSONS

have a square meal (avoir un repas carré)	faire un vrai repas
make your mouth water	mettre l'eau à la bouche
eat your fill (se remplir le ventre)	manger à sa faim
stuff your face (se farcir le visage)	s'empiffrer
eat s.o. out of house and home	ruiner qn en nourriture
eat like a horse (manger comme un cheval)	manger comme un ogre
eat like a bird	avoir un appetit d'oiseau
eat like a pig	manger comme un porc
drink like a fish (boire comme un poisson)	boire comme un trou
whet your whistle	se rincer le gosier
drink s.o. under the table	faire rouler qn sous la table
he can't hold his drink	il ne tient pas l'alcool
be the worse for drink	être ivre
be as drunk as a lord/newt/skunk (être ivre comme un lord/un triton/une mouffette)	être soûl comme un Polonais
be as high as a kite (voler haut comme un cerf-volant)	être ivre
be three sheets to the wind	avoir du vent dans les voiles
be plastered	être bourré
have a hair of the dog (that bit you) (prendre un poil du chien qui vous a mordu)	reprendre un verre (pour faire passer la gueule de bois)
have a hangover/ be hungover	avoir la gueule de bois
sign/take the pledge	promettre de s'abstenir de boire
be/go on the wagon	être/se mettre au régime sec
be a teetotaller	ne jamais boire d'alcool
sober as a judge (sobre comme un juge)	sobre comme un chameau
go Dutch	partager la note
it's on the house	c'est offert par la maison
a hungry man is an angry man	un homme affamé est un homme en colère
I could eat a horse!	j'ai une faim de loup!
his eyes are bigger than his belly	il a les yeux plus gros que le ventre
the way to a man's heart is through his stomach	pour conquérir le cœur d'un homme, il faut lui faire de bons petits plats

1. À quelle créature compare-t-on

a. une personne qui ne mange pas beaucoup ? ....

b. une personne qui mange beaucoup ? ....

c. une personne qui ne mange pas correctement ? ....

d. une personne qui boit beaucoup ? ....

e. une personne qui a trop bu ? (2 réponses) ....

....

score .../6

2. Corrigez l'erreur

a. I'm so hungry I could eat an elephant! ....

b. Your eyes are bigger than your mouth. ....

c. He looks as if he needs a round meal. ....

d. A thirsty man is an angry man. ....

e. I wish you would stop stuffing your mouth! ....

score .../5

3. Remettez les lettres dans l'ordre pour retrouver les expressions

a. HET AYW OT A MN'SA ETARH SI OTHURHG ISH MOCHTSA

....

b. EB EHTER ETSHES OT ETH IWDN

....

c. VAHE A RAHI FO ETH GOD TATH TIB OYU

....

score .../3

there's no time like the present	pourquoi attendre?
a stitch in time saves nine (un point à temps en évite neuf)	un point fait à temps en épargne cent
do s.th. in your own good time	faire qch quand bon vous semble
better late than never	mieux vaut tard que jamais
it's never too late to mend (il n'est trop tard pour réparer une erreur)	il n'est jamais trop tard pour bien faire
tomorrow's another day (demain est un autre jour)	ça ira mieux demain
only time will tell	qui vivra verra
it's early days yet	il est trop tôt pour se prononcer
there's always a first time	il y a un début à tout
first things first	chaque chose en son temps
when the time is right	au bon moment
it's water under the bridge (c'est de l'eau sous le pont)	c'est du passé
turn the clock back (faire revenir la pendule en arrière)	remonter le cours du temps
time and tide wait for no man (le temps et la marée n'attendent personne)	les événements n'attendent personne
the sands of time are running out (*image de sablier*)	le temps imparti est presque écoulé
cut it fine	faillir arriver en retard
be a race against time	être une course contre la montre
work against time (travailler contre la montre)	travailler d'arrache-pied
play for time	chercher à gagner du temps
be in the nick of time	être juste à temps
have time on your hands (avoir du temps sur ses mains)	avoir du temps devant soi
a watched pot never boils (une marmite surveillée ne bout jamais)	plus on désire une chose, plus elle se fait attendre
time's hanging heavy on his hands (le temps lui pèse lourd dans les mains)	il trouve le temps long
time is a great healer	le temps guérit toutes les blessures
time works wonders	le temps fait des miracles
until the cows come home (jusqu'au retour des vaches)	jusqu'à la Trinité
once in a blue moon (chaque fois qu'il y a une lune bleue)	tous les trente-six du mois

1. Reformulez les phrases suivantes en utilisant les amorces

a. You can do it for me. You have time ....
b. They rarely go out. They go out once ....
c. I don't think we should wait. There's no time ....
d. There isn't much time left. The sands of ....
e. That belongs to the past. It's water ....
f. I'd love to go back into the past. I wish I could turn ....
g. He's bored because he's got nothing to do. Time's hanging ....
....

score .../7

2. Insérez le mot manquant

a. I can't wait .... the cows come home.
b. We'll have to work .... time to finish.
c. Just remember that time and .... wait for no man.
d. Don't worry, you can do it in your own .... time.
e. Please tell me it's never too late to ....

score .../5

3. Trouvez la bonne traduction

a. le temps fait des miracles	1. he cut it fine
b. qui vivra verra	2. a stitch in time saves nine
c. il a failli arriver en retard	3. first things first
d. mieux vaut tard que jamais	4. time works wonders
e. chaque chose en son temps	5. only time will tell
f. mieux vaut prévenir que guérir	6. better late than never

score .../6

before you can/could say Jack Robinson (avant de pouvoir dire Jack Robinson) — en moins de temps qu'il n'en faut pour le dire

in two shakes of a duck's/lamb's tail (en deux mouvements de la queue d'un canard/d'un agneau) — en moins de deux

in less than/next to no time — en un rien de temps

in the twinkling of an eye — en un clin d'œil

in a flash — en un clin d'œil

on the dot — pile à l'heure

dead on time — pile à l'heure

be a good timekeeper — être toujours à l'heure

it's in the pipeline (c'est dans l'oléoduc) — c'est en perspective

be behind the times (être décalé par rapport à son époque) — être vieux jeu

keep up with the times — vivre avec son époque

it's like going into a time-warp (c'est comme entrer dans une distortion du temps) — on a l'impression de faire un bond en arrière dans le temps

I wouldn't give him the time of day — je ne m'arrêterais même pas pour lui dire bonjour

there's a time and place for everything (il y a un temps et un lieu pour tout) — il y a un temps pour tout

it looks like rain — le temps est à la pluie

it's raining cats and dogs (il pleut des chats et des chiens) — il tombe des cordes

it's raining buckets (il pleut des seaux d'eau) — il pleut à torrents

it's tipping it down — il pleut à verse

March winds and April showers bring forth May flowers (les vents de mars et les averses d'avril produisent les fleurs de mai) — mars venteux, avril pluvieux

ne'er cast a clout till May is out (n'enlevez aucun vêtement avant fin mai) — en avril ne te découvre pas d'un fil ; en mai, fais ce qu'il te plaît

red sky at night, shepherd's delight; red sky in the morning, shepherd's warning (ciel rouge le soir, bonheur du berger; ciel rouge le matin, mise en garde du berger) — rouge le soir, l'espoir; araignée du matin, chagrin

come rain, (hail) or shine — qu'il pleuve ou qu'il vente

1. Identifiez l'expression illustrée

L'expression est :

....

score .../1

2. Insérez un verbe au temps et/ou à la forme qui convient

a. I wouldn't .... him the time of day.
b. We can't go out, it .... it down.
c. March winds and April showers .... forth May flowers.
d. I enjoyed that film; it .... like .... into a time warp.

score .../4

3. Ajoutez *a*, *the* ou rien

a. It looks like .... rain.
b. Take an umbrella – it's raining .... cats and .... dogs.
c. I'm sure he'll do it dead on .... time and in .... twingling of .... eye.
d. Don't worry, it's in .... pipeline.
e. As usual, he arrived on .... dot.
f. He'll keep his word, come .... rain, ... hail or .... shine.
g. She's always been .... good timekeeper.
h. I always try to keep up with .... times, don't you?

score .../13

Corrigés

Décrire les gens

Page 7 Beauté & laideur + Taille & force physique

Activé 1

a. He's as thin as a rake.
b. He's a giant of a man.
c. She's as pretty as a picture.
d. He's as fat as a pig.

Activité 2

a. Peter is like Popeye; he's a strong as an ox.
b. Betty is as pretty as a picture but James is as ugly as sin.
c. Brian's sister is a real stunner.
d. Margaret is not just a pretty face, she's very clever too.
e. You should eat more, you're all skin and bones.
f. Poor Jenny has always been a plain Jane.
g. Don't you think George is losing his looks?

Page 9 Âge + Ressemblance & différence

Activité 1

be as alike as two peas in a pod

Activité 2

a. He's/She's as old as the hills/as Methuselah.
b. There's many a fine tune played on an old fiddle. You're as old as you feel.
c. He's/She's no spring chicken. He/She is long in the tooth.
d. He/She has an old head on young shoulders.

Activité 3

a. Susan and her best friend are as different as chalk and/from cheese.
b. You and I always agree; great minds think alike.
c. Birds of a feather flock together.
d. Margaret is the spitting image of her mother.

Page 11 Apparence & vêtements

Activité 1

a. He/She looks as if he/she has been dragged through a hedge backwards.
b. He/She is dressed up to the nines/dressed to kill

c. He/She looks like mutton dressed (up) as lamb.

d. He/She is as bald as a coot.

e. He/She is all dressed up and nowhere to go

Activité 2

a. dragged ; b. dress sense ; c. nines ; d. part ; e. her best ; f. drowned rat

Page 13 La vue et l'ouïe

Activité 1

a. ear; b. stone; c. date; d. post; e. bat; f. sore
L'expression qui reste est: hard of hearing

Activité 2

a. When he heard the news, he flew into a blind rage.

b. Parents are often blind to their children's faults/Often parents are blind to their children's faults.

c. You must keep your eyes open and your ears to the ground.

Page 15 Santé & forme

D – B – C – E - F - A - G

Page 17 Santé mentale & folie

Activité 1

have bats in the/your belfry

Activité 2

a. mad as a March hare, barking mad, batty

b. go bananas, go nuts, nutty as a fruitcake

Activité 3

a. screw ; b. her marbles ; c. the bend/twist

Page 19 Intelligence & stupidité

Activité 1

The light's are on but no one's at home.

A	B	E	G	H	I	L	M	N	O	R	S	T	U
6	2	8	10	5	13	7	1	14	11	4	12	9	3

Activité 2

a. Bill is several cards short of a pack.

b. Jenny will never set the Thames on fire.

c. You are as thick as two short planks.

d. My brother is one sandwich short of a picnic.

Activité 3

a. Jessica is bright as a button; she's quick on the uptake.

b. Her sister's a real featherbrain; she's got a brain like a sieve.

Page 21 Caractère

Activité 1

a. a dove; b. cement; c. a kitten; d. a pony; e. a giant; f. an old bird; g. a king

Activité 2

a. as cool as a cucumber

b. as changeable as the weather

c. as keen as mustard

d. as sour as vinegar

e. as cold as ice

Activité 3

Expressions possibles: as brave as a lion, as meek as a lamb, as bright as a lark, as crafty/cunning as a fox, as stubborn/obstinate as a mule

Page 23 Caractère (suite)

Activité 1

have your head in the clouds

Activité 2

a. is a man of few words

b. she's a chatterbox

c. keep themselves to themselves

Activité 3

a. wolf ; b. horse ; c. fly ; d. pig ; e. goose

Page 25 Vanité

Activité 1

a. bin → tin ; b. bed → head ; c. flea's → bee's ; d. boats → boots

Activité 2

a. Jeremy thinks he's the cat's whiskers.

b. He's always been big-headed.

c. You shouldn't hide your light under a bushel.

d. Shirley is tiring; she's always fishing for compliments.

Activité 3

a. be full of your own importance

b. blow your own trumpet

c. proud as a peacock

d. put on airs and graces

Page 27 Colère & mauvaise humeur

Activite 1

a. make s.o.'s blood boil, boil over with rage, reach boiling point
b. be up in arms, be/go on the warpath
c. get on your high horse, get your hackles up

Activité 2

a. roof ; b. wobbly ; c. nut ; d. rag ; e. hopping ; f. end ; g. handle ; h. fuse

D	**F**	Z	N	A	H	Q	A	L	**F**	V
Z	**U**	X	O	W	J	G	D	**O**	M	C
R	**S**	T	T	U	J	X	**O**	A	K	**Y**
V	**E**	B	N	N	A	**R**	A	Y	V	**L**
F	I	I	**H**	**A**	**N**	**D**	**L**	**E**	W	**B**
L	**F**	S	**O**	Y	M	Z	Z	**N**	P	**B**
J	**O**	D	**P**	T	B	O	H	**D**	A	**O**
M	**O**	W	**P**	T	D	O	S	R	H	**W**
Q	**R**	P	**I**	U	I	M	G	L	S	A
C	Z	**A**	**N**	E	P	E	H	S	Y	R
V	R	H	**G**	J	M	N	X	B	H	V
N	**U**	**T**	B	B	A	D	C	U	C	B

Page 29 Colère & mauvaise humeur (suite)

Activité 1

He's like a bear with a sore head.

Activité 2

3 - 1 - 4 - 5 - 2 - 6

Karen: I don't know what's wrong with Steven these days; he bit my head off when I spoke to him this morning.

Phil: Perhaps he just got out of bed on the wrong side.

Karen: Perhaps, but he does seem to have a short fuse lately. He's always got a face like thunder.

Phil: I've noticed that too. He seems to make a song and dance about everything. I don't know what's biting him.

Karen: I wonder if it's because he's trying to lose weight!

Phil: You may be right. After all, a hungry man is an angry man!

Activité 3

a. to a bull ; b. the back teeth ; c. your shirt/hair

Page 31 Courage, audace & lâcheté

Activité 1

a. beard ; b. upper lip ; c. Dutch ; d. face ; e. bellied ; f. bold ; g. chicken

Activité 2

a. streak ; b. gained ; c. valour ; d. sand

						S
		G				T
	V	A	L	O	U	R
		I				E
S	A	N	D			A
		E				K
		D				

Page 33 Bonheur

Activité 1

look like the cat that got the canary

Activité 2

on cloud nine ; in seventh heaven ; on top of the world ; floating on air

Activité 3

a. a drain ; b. a million dollars

Page 35 Tristesse

Activité 1

have a face as long as a fiddle

Activité 2

a. mouth ; b. throats ; c. shoulder ; d. face ; e. heart ; f. eyes

Activité 3

a. lumps → dumps ; b. rack → rock ; c. flues → blues ; d. misery-gums → misery-guts

Page 37 Optimisme & illusions

Activité 1

a. are living ; b. always looks/has always looked ; c. building ; d. keep

Activité 2

a. every cloud has a silver lining
b. half a loaf is better than none
c. one swallow doesn't make a summer
d. it's an ill wind that blows no one any good

Activité 3

a. Ignorance is bliss.
b. She's always seen life through rose-coloured/tinted glasses.
c. The situation is difficult but never say die!
d. No news is good news.

Page 39 Ambition & opportunisme

Activité 1

hitch your wagon to a star

Activité 2

a. your know where your own interest lies
b. you are involved in many activities
c. you try to do something which is too difficult for you

Activité 3

a. hare ... hounds ; b. inch ... yard ; c. strike ... hot ; d. way ... jumps ;
e. hay ... shines

Page 41 Détermination & motivation

Activité 1

a. If you want to succeed, you must take the bull by the horns/grasp the nettle.
b. The police will leave no stone unturned to find the murderer/killer.
c. He pulled out all the stops to get the job he wanted.
d. I'll succeed by hook or by crook.

Activité 2

a. where there's a will, there's a way
b. in for a penny, in for a pound

Activité 3

a. faux ; b. vrai

Activité 4

a. hog ; b. guns ; c. nail ; d. grass

Page 43 Scepticisme & méfiance

Activité 1

a. once bitten, twice shy ; b. pigs might fly ; c. that will be the day

L'expression qui reste est : there's no smoke without fire !

Activité 2

a. wedge ; b. far ... throw ; c. pinch ; d. bluff

Activité 3

a. I want to see how the land lies before taking a decision.
b. He won't believe that; he wasn't born yesterday.
c. She seems generous but beware of Greeks bearing gifts.

Page 45 Franchise & honnêteté

Activité 1

a. on ; b. by ; c. to ; d. above ; e. from ; f. off

Activité 2

a. call a spade a spade ; b. a closet ; c. lay your cards on the table ; d. a turkey = talk turkey ; e. pull no punches

Activité 3

a. square ; b. die ; c. bones ; d. breast ; e. day ; f. minces

Page 47 Duperie & malhonnêteté

Activité 1

He's a wolf in sheep's clothing and he pulls the wool over people's eyes.

Activité 2

a. sell a pig in a poke ; b. tell a cock and bull story ; c. shed crocodile tears ; d. cry wolf

Activité 3

a. garden path ; b. through ... teeth ; c. smoke ... eyes/face

Page 49 Secrets

Activité 1

Dorothy : a skeleton in the cupboard
James : a hidden agenda ... something up my sleeve
Dorothy : play your cards close to your chest
James : keep it under wraps/under your hat
Dorothy : My lips are sealed/Mum's the word

Activité 2

a. my lips are sealed ; b. cover your tracks ; c. behind closed doors ; d. draw a veil over

Activité 3

a. under wraps/under your hat ; b. in the dark ; c. under the carpet

Page 51 Révélations

Activité 1

a. let the cat out of the bag, I'd like to be a fly on the wall, a little bird told me
b. give the game away, show your hand/cards
c. blow the whistle on something/someone

Activité 2

a. linen ; b. book ; c. rooftops ; d. colours

Activité 3

a. It's as plain as a pikestaff/the nose on your face that you're lying
b. I hate/detest stars who kiss-and-tell.
c. Don't worry; everything will come out in the wash.

Page 53 Priorités & importance

Activité 1

a. molehill ; b. fiddle ; c. seat ; d. teacup ; e. horse

A	T	P	D	B	**M**	W	G	M
V	N	F	D	J	**O**	U	T	Z
Q	**F**	**I**	**D**	**D**	**L**	**E**	J	**P**
S	X	W	B	U	**E**	I	M	**U**
E	D	S	A	**S**	**H**	C	I	**C**
A	K	K	**R**	W	**I**	E	Q	**A**
T	N	**O**	O	W	**L**	F	K	**E**
W	**H**	J	U	Z	**L**	V	C	**T**
E	L	L	S	F	C	K	R	T

Activité 2

a. not be the be-all and end-all
b. not see the wood for the trees
c. have other fish to fry
d. be penny-wise and pound-foolish

Activité 3

a. put in cold storage/put on hold
b. sparate the sheep from the goats

Page 55 Confiance & naïveté + Gratitude & mesquinerie

Activité 1

a. blinker → sinker ; b. handshave → handshake ; c. graceful → grateful ; d. black → back

Activité 2

read my lips; mean as muck ; a real Scrooge ; yours for the asking

Activité 3

a. Don't spoil the ship for a ha'porth of tar
b. Never look a gift horse in the mouth

Page 57 Comportement général

Activité 1

a. green with envy ; b. a busy bee ; c. like a bull in a china shop ; d. as good as gold ; e. a little monkey

Activité 2

Across : 1. further ; 2. paddle ; 3. spite
Down : 1. feet ; 4. grapes

Relations

Page 59 Entente & mésentente

Activité 1

bear a grudge ; meet halfway ; rub shoulders with ; live in each other's pockets

S	Q	D	T	U	Z	**R**	J	S	A	A	P
F	**H**	**A**	**L**	**F**	**W**	**A**	**Y**	B	N	E	S
V	O	**O**	C	K	G	**E**	Y	**P**	L	L	D
O	L	**T**	**U**	M	M	**B**	Z	**O**	O	N	**W**
L	N	**H**	Q	**L**	A	K	G	**C**	D	**N**	**I**
M	**E**	**E**	**T**	V	**D**	X	A	**K**	W	O	**T**
H	I	**R**	I	T	F	**E**	S	**E**	**A**	**C**	**H**
Z	G	**S**	E	D	**G**	O	**R**	**T**	C	B	M
X	N	S	J	**D**	I	A	D	**S**	F	**E**	K
N	E	A	**U**	S	X	**A**	N	N	C	**V**	I
O	W	**R**	Q	A	R	T	E	R	L	**I**	Y
W	**G**	R	U	**R**	**U**	**B**	B	I	L	**L**	G

Activité 2

a. rub someone up the wrong way

b. drive someone round the bend/up the wall

Activité 3

a. in ; b. with ; c. up

Page 61 Amour & séduction

Activité 1

She's hooked a husband.

Activité 2

I fell in love with Jimmy at first sight ... I only had eyes for him ... give him the eye ... had fallen head over heels in love with him/had lost my heart to him ... set my cap at him ... he was stilling carrying a torch for ... an old flame ... swept me off my feet ... wear my heart on my sleeve

Page 63 Indifférence, haine & rejet

Activité 1

He's in the doghouse.

Activité 2

play hard to get ... leave him cold ... a cold fish ... wouldn't have a love-hate relationship ... there are plenty of other fish in the sea

Activité 3

a. back ; b. Coventry ; c. poison/the plague

Page 65 (Dés)accord & conflits

Activité 1

set the cat among the pigeons

Activité 2

a. Karen and her brother fight like cat and dog.

b. Christine always tries to pour oil on troubled waters.

c. You've really stirred up a hornets' nest !

d. Mr Brown is often at loggerheads with his neighbours.

Activité 3

a. to ; b. into ; c. between ; d. to ... about ; e. along ... on

Page 67 Admiration & louanges + Injures & moquerie

Activité 1

a. call someone names/call someone everything under the sun

b. it's nothing to write home about

Activité 2
a. sleeve ; b. candle ; c. mickey ; d. shines

Activité 3
second to none ; out of this world ; steal the show ; call names
L'expression qui rest est : the salt of the earth

Page 69 Mépris & humiliation

Activité 1
a. look down your nose at ; b. he isn't worth his salt ; c. look what the cat dragged in ; d. turn up your nose at

Activité 2
a. off ; b. in ; c. down ; d. down ; e. from

Activité 3
a. I'm going to bring/take my brother down a peg or two.
b. When I met Betty yesterday, she looked right through me.
c. Catherine's husband treats her like dirt.
d. Bill made Jeremy eat humble pie.
e. I don't want to have egg on my face.

Page 71 Aide & trahison

Activité 1
a. leave someone high and dry, take the wind out of someone's sails
b. turn up trumps for someone, stack the cards against someone

Activité 2
a. snake, lurch ; b. break ; c. backwards ; d. shoulder ; e. chestnuts

Activité 3
a. give someone a leg up ; b. pull the rug from under someone's feet

Activité 4
a friend in need is a friend indeed

Page 73 Pouvoir & influence

Activité 1
a. under ; b. down ; c. on ; d. to ; e. over ; f. down

Activité 2
a. have the upper hand over someone
b. have someone eating out of your hand
c. have someone at your beck and call
d. hold the whip hand over someone

Activité 3

a. We're going to have to turn up the heat.
b. Put your foot down!
c. She twists her father round her little finger.

Page 75 Responsabilité

Activité 1

fiddle while Rome burns

Activité 2

a.5 ; b.3 ; c. 6 ; d.1 ; e.2 ; f.4

Activité 3

a. book ; b. music ; c. finger ; d. head ; e. can

Page 77 Reproches & critiques

Activité 1

a. tear a strip off ; b. that takes the cake ; c. come under fire ; d. get a lot of stick
L'expression finale est : there's always a bad apple

Activité 2

a. You're a pain in the neck!
b. You should have known better. You should have thought twice about it
c. It's the pot calling the kettle black.
d. It the cap fits, wear it.
e. It's six of one and half a dozen of the other.

Page 79 Vengeance

Activité 1

a. salt ; b. boot/shoe ; c. last ; d. spoke ; e. sweet

Activité 2

a. out ; b. for ; c. after ; d. off

Activité 3

a. tables ; b. medicine ; c. face ; d. cheek ; e. forgive

Activité 4

Revenge is a dish best eaten cold.

Page 81 Langage & communication

Activité 1

a. into doing ; b. has ; c. rolling ; d. is

Activité 2

a. jumbo ; b. mouth ; c. speed ; d. donkey ; e. cuff ; f. rabbit

Activité 3

a. Go on, have your say.

b. I heard his reply/answer by word of mouth.

c. Don't forget to put me in the picture, please.

d. Stop speaking through your hat!

e. How do you expect me to understand if you speak double Dutch!

Page 83 Langage & communication (suite)

Activité 1

Across : a. crossed ; b. purposes ; c. hairs

Down : d. trooper

			T				
			R				
	C	R	O	S	S	E	D
			O				
P	U	R	P	O	S	E	S
			E				
H	A	I	R	S			

Activité 2

a. Talking to you is like talking to a brick wall/ When I talk to you, it's like talking to a brick wall.

b. Don't try and/to put words into my mouth.

c. With her, you have to dot the I's and cross the t's.

d. When you see her, try not to put your foot in it.

e. You're very quiet; has the cat got your tongue?

Page 85 Euphémismes

Activité 1

a. message → call ; b. feet → toes ; c. first → last ; d. among → between ;
e. advanced → reduced

Activité 2

a. cross over to the other side ; b. spend more time with the family ; c. cash in your chips ; d. be pushing up the daisies ; e. be in the family way

Activité 3

a. His wife is in an interesting condition.

b. Unfortunately, they had to have their favourite pet put to sleep.

c. No one is in a hurry to kick the bucket/pop their clogs.

d. He didn't expect to get a Dear John letter.

Page 87 Conseils & sagesse populaire

Activité 1

Never put off until tomorrow what you can do today

Activité 2

a. There's more than one way to skin a cat.
b. It's no use crying over spilt milk.
c. Don't put all your eggs in one basket.
d. It's no use shutting the stable door after the horse has fled.
e. Don't count your chickens before they're hatched.

Page 89 Conseils & sagesse populaire (suite)

Activité 1

a 4 ; b 3 ; c 1 ; d 2

Activité 2

a. glitters ; b. devil ; c. happen ; d. hand ; e. goose

Activité 3

a. Practice makes perfect.
b. Those who live in glass houses shouldn't throw stones.
c. Don't judge a book by its cover.
d. God helps those who help themselves.
e. When in Rome, do as the Romans do.

Situations

Page 91 Difficultés & dilemmes

Activité 1

a. pickle ; b. millstone ; c. corner ; d. paddle ; e. spanner ; f. thin
L'expression qui reste est : rock the boat

Activité 2

a. wigs' → wits' ; b. wools → woods ; c. peg → leg ; d. picket → wicket ; e. talking → walking

Activité 3

a. He's always putting a spoke in my wheel/He never stops putting a spoke in my wheel.
b. With all this work, I'm at the end of my tether.
c. Your unexpected decision has really upset the applecart.

Page 93 Difficultés & dilemmes (suite)

Activité 1

a 4 ; b 5 ; c 1 ; d 2 ; e 6 ; f 3

Activité 2

a. be between a rock and a hard place
b. jump out of the frying pan into the fire
c. when the chips are down
d. it's like trying to get blood out of a stone ;
e. be caught on the horns of a dilemma

Activité 3

a. hard ; b. shoe ; c. easy ; d. cleft ; e. Catch ; f. hot

Page 95 Décisions & hésitations

Activité 1

b – a – c

Activité 2

a. fence → bush ; b. jump → lump ; c. lumps → jumps ; d. bush → fence

Activité 3

We'll cross that bridge when we come to it.

Activité 4

a. against ; b. on ; c. off

Page 97 Sécurité, dangers & risques

Activité 1

a. with ; b. into ; c. out ; d. to ; e. into

Activité 2

a. wall ; b. winds ; c. head ; d. duck ; e. limb

Activité 3

a. To be on the safe side, you'd better wait.
b. You're right, better safe than sorry.
c. I must admit I had a narrow escape/squeak. I must admit I escaped by the skin of my teeth. I must admit it was a close shave.
d. We'd better hedge our bets/cover our backs.

Page 99 Peur

Activité 1

a. put the wind up ; b. shake like a jelly ; c. have stage fright ; d. be in a blue funk : e. curdle your blood ; f. make your blood freeze

Activité 2

a. butterflies ; b. wits ; c. end ; d. headlights ; e. shivers ; f. daylights

Activité 3

a. death → life ; b. boots → mouth ; c. hands → feet ; d. tambourine → drum ; e. swear → sweat ; f. brighteners → frighteners

Page 101 Réussite

Activité 1

a. the ; b. - ; c. - ; d. the ; e. the ; f. the

Activité 2

a. hollow ; b. cap ; c. roses ; d. lucky ; e. dry ; f. floor

Activité 3

a 4 ; b 7 ; c 8 ; d 6 ; e 3 ; f 2 ; g 1 ; h 5

Page 103 Échec

Activité 1

a. goose ; b. cat ; c. horse ; d. pig ; e. goose ; f. dogs

Activité 2

a. the ; b. a ; c. the ; d. - ; e. a ; f. a ; g. –

Activité 3

a. Too many cooks spoil the broth.
b. Their plans came unstuck.
c. Everything has gone pear-shaped ; as usual.

Page 105 Restrictions

Activité 1

a. a ; b. the ; c. the ; d. the ; e. a ; f. a

Activité 2

a. straw .... back ; b. free ; c. string ... bow ; d. strings ; e. luck

Activité 3

a. He's always stepping/treading on my toes
b. I don't like having my hands tied.
c. He wrongly believes that the gloves are off/no holds are barred.
d. They tried to cramp my style.

Page 107 Compréhension & connaissances

Activité 1

a. for ; b. off ; c. round ; d. of ... of ; e. at ; f. to

Activité 2

a. There's no rhyme (n)or reason to it./I can't make head (n)or tail of it.

b. Your guess is as good as mine.

c. That film was an eye-opener for me.

d. The/this problem is hard/dificult/It's a though nut to crack but John knows all the ins and outs.

e. He knows London like the back of his hand.

f. What he told me rang a bell.

g. At last the penny's dropped.

Page 109 Commencer & finir

Activité 1

a. with ; b. up ; c. on ; d. in ; e. over; f. up

Activité 2

a. the wheel has come full circle

b. start off on the right foot

c. set the wheels in motion

d. get round to doing something

Activité 3

a 5 ; b 8 ; c 6 ; d 1 ; e 4 ; f 7 ; g 2 ; h 3

La vie en société et l'environnement

Page 111 La famille & la maison

Activité 1

a. a stag party ; b. a hen party ; c. a shotgun wedding ; d. a hen-pecked husband/a husband under petticoat government ; e. a grass widow

Activité 2

a. from → off ; b. hat → trousers ; c. garden → home ; d. house → family ; e. dog → sheep ; f. wine → blood

Activité 3

a. home ; b. heart ; c. warming ; d. place ; e. charity ; f. child ; g. blanket

Page 113 Hiérarchie sociale

Activité 1

a. drawer

b. rags ... riches

c. ladder

d. half

Le proverbe est : A cat may look at a king

Activité 2
a. above ; b. up ; c. above ; d. with ... in

Page 115 La justice

Activité 1
a. dog ; b. sheep ; c. goose ; d. kangaroo ; e. chickens

Activité 2
a. wrong → right ; b. clear → shut ; c. eat → reap ; d. court → law ; e. fingers → hand ; f. pile → ton

Activité 3
a. give someone a fair crack of the whip

b. be hoist with your own petard

c. throw the book at someone

d. all's fair in love and war

Page 117 L'argent (1)

Activité 1
a. bone ; b. hand ... mouth ; c. body ... soul ; d. head

Activité 2
a. the ; b. a ; c. - ; d. the ; e. a ; f. the

Activité 3
a. coins → pennies ; b. boot → shoe ; c. John → Paul ; d. hat → coat

Activité 4
a. down to your last penny ; b. feel the pinch

Page 119 L'argent (2)

Activité 1
a. ducks ; b. bacon ; c. water ; d. penny ; e. touch ; f. shirt

Activité 2
a. by ; b. down ; c. about ; d. over ; e. from ; f. round

Activité 3
a 5 ; b 8 ; c 6 ; d 7 ; e 4 ; f 1 ; g 3 ; h 2

Page 121 L'argent (3)

Activité 1
a. He has money to burn

b. She paid through the nose for her car

c. They struck it rich in the US

d. He isn't short of a bob or two.

e. I advise you to put your money in to bricks and mortar
f. He'll feather his own nest.

Activité 2

a. as ; b. nest ; c. lap ; d. earth ; e. nail/barrelhead ; f. worth ; g. money

Activité 3

line your own pockets

Page 123 L'argent (4)

Activité 1

take care of the pennies and the pounds will take care of themselves

Activité 2

It's chicken feed. It's pin money.

Activité 3

a. when my ship comes in
b. Money burns a hole in Jimmy's pocket
c. gone through the roof
d. doesn't grow on trees
e. root of all evil

Page 125 Travail

Activité 1

a. There's no such thing as a free lunch.
b. I don't want to take a busman's holiday.
c. A woman's work in never done.
d. All work and no play makes Jack a dull boy.

Activité 2

a. brow ; b. shoulder ; c. heart ... soul ; d. nose ; e. fingers ... bone ; f. ears ; g. feet

Activité 3

a. with ; b. out ; c. on; d. up

Page 127 Loisirs & repos

Activité 1

a. potato ; b. oats ; c. gingerbread

Activité 2

a. feet ; b. soul. c. feet ; d. hair ; e. mind

Activité 3

a. useful → good ; b. laughing → rolling ; c. bird → whale ; d. make → paint ; e. roof → tiles ; f. white → wet

Activité 4

Let's make a day of it

Page 129 Nourriture & boissons

Activite 1

a. a bird ; b. a horse ; c. a pig ; d. a fish ; e. a newt, a skunk

Activité 2

a. an elephant → a horse ; b. mouth → belly ; c. round → square ; d. thirsty → hungry ; e. mouth → face

Activité 3

The way to a man's heart is through his stomach.
Be three sheets to the wind
Have a hair of the dog that bit you

Page 131 Le temps

Activité 1

a. on your hands ; b. in a blue moon ; c. like the present ; d. time are running out ; e. under the bridge ; f. the clock back ; g. heavy on his hands

Activité 2

a. until ; b. against ; c. tide ; d. good ; e. mend

Activité 3

a 4 ; b 5 ; c 1 ; d 6 ; e 3 ; f 2

Page 133 Le temps (2)

Activité 1

It's raining buckets

Activité 2

a. give ; b. is tipping ; c. bring ; d. was ... going

Activité 3

a. - ; b. - ... - ; c. - ... the ... an ; d. the ; e. the ; f. - ... - ... - ; g. a ; the

✎ NOTES

....

....

....

....

....

....

....

....

....

....

....

....

....

....

....

....

....

....

....

....

....

Achevé d'imprimer en mars 2008
dans les ateliers de Normandie Roto Impression s.a.s.
61250 Lonrai
N° d'imprimeur : 08-1118
Dépôt légal : avril 2008

Imprimé en France